幼儿教师核心职业素养养成机制研究课题成果

幼/儿/园/工/作/清/单/与/活/动/指/导/丛/书

2018年度教育部人文社会科学规划基金项目
“幼儿教师核心职业素养养成机制研究”
（项目编号：18YJA880048）项目资助

幼儿教师清单保教理论与实务

YOUER JIAOSHI QINGDAN BAOJIAO LILUN YU SHIWU

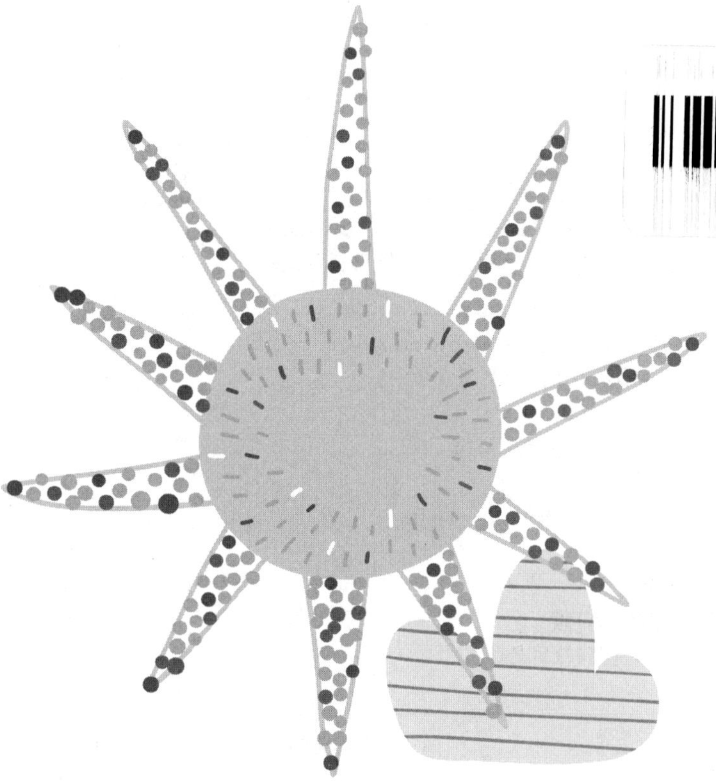

主　编／李兴洲　孙　杰
副主编／唐立宁　许　婷　林振宇　王春天　吴晓惠
编　委／潘　帅　徐亚楠　龙语兮　蔡　粤　苏晓娟
孙占华　王浩然　李辉敏　许　坤　赵艳艳
王　娟　袁雪娟

北京师范大学出版集团
BEIJING NORMAL UNIVERSITY PUBLISHING GROUP
北京师范大学出版社

图书在版编目（CIP）数据

幼儿教师清单保教理论与实务 / 李兴洲，孙杰主编．—北京：北京师范大学出版社，2021.4
ISBN 978-7-303-26818-4

Ⅰ．①幼…　Ⅱ．①李…　②孙…　Ⅲ．①幼儿园－教育管理
Ⅳ．① G617

中国版本图书馆 CIP 数据核字（2021）第 025029 号

营销中心电话　010-58802755　58800035
北师大出版社职业教育分社网　http：//zjfs.bnup.com
电子信箱　zhijiao@bnupg.com

出版发行：北京师范大学出版社 www.bnup.com
北京市西城区新街口外大街12-3号
邮政编码：100088
印　　刷：三河市兴达印务有限公司
经　　销：全国新华书店
开　　本：889 mm × 1194 mm　1/16
印　　张：12.75
字　　数：245千字
版　　次：2021年4月第1版
印　　次：2021年4月第1次印刷
定　　价：35.00元

策划编辑：鲁晓双　　责任编辑：杨磊磊
美术编辑：焦　丽　　装帧设计：金基渊
责任校对：康　悦　　责任印制：陈　涛

前　言

“幼儿园工作清单与活动指导丛书”是教育部人文社会科学研究规划基金项目“幼儿教师核心职业素养养成机制研究”（项目批准号18YJA880048）的阶段性研究成果。

出版该丛书，一方面是对课题组前期研究工作进行小结，另一方面是想通过这套丛书向广大托幼机构的教师和管理者推介“清单保教”这一理念。“清单保教”秉承“以儿童为本，关注生命成长全过程”现代教育思想，主张并突出强调婴幼儿教育工作者和家长在任何时候都要学会和应用“正确的做事方式”或“示范正确的做法”这一核心观点，遵循婴幼儿身心发展和成长规律，施以科学的教育和引导，帮助其健康成长和良好发展。

《幼儿教师清单保教理论与实务》是以托幼机构日常工作实际为研究对象，以现代婴幼儿保教理论为指导，在课题组成员多年实践、实验基础上总结和提炼而成的托幼机构教师教育教学行为清单。该清单有利于帮助托幼机构的教师解决在实践工作中经常遇到的问题和困惑：①学非所用，理论知识和实践操作脱节；②忙忙碌碌，厘不清做事的头绪；③虽然积极努力，但仍会受到很多指责和批评；④前途迷茫，职业规划不清晰。

婴幼儿教育为孩子一生的发展奠基，是关乎孩子一生发展的大事，也是家庭生活中的头等大事，必须引起家庭、学校乃至整个社会的高度关注。而先进的教育理念、科学的教育知识、正确的做事方式正是做好婴幼儿教育不可或缺的要素。近年来，国家非常重视学前教育事业的改革和发展，一方面不断加大对婴幼儿教育事业的财政投入和政策支持力度，另一方面不断要求和推动提高婴幼儿教育质量，不断提高婴幼儿教师的任职资格要求和专业水平。这必将极大地促进我国学前教育事业的发展，从而为每个孩子的健康发展和成长提供有利的支持和保障。

婴幼儿教师的专业发展水平在很大程度上决定着婴幼儿教育的质量。然而，近年来有关婴幼儿教师某些不和谐的事件、托幼机构对于当前学前教育毕业生工作胜任能力的担忧等，一定程度上引发了人们对于婴幼儿教师职业素养的信任危机。2012年教育部颁布的《幼儿园教师专业标准（试行）》、2018年《中共中央 国务院关于学前教育深化改革规范发展的若干意见》等明确要求，“完善幼儿园教师培养培训方案，科学设置教师教育课程，改革教育教学方式”，“重视幼儿园教师职业道德教育，重视社会实践和教育实习”，“创新培养模式，优化培养课程体系，突出保教融合”等，为提升婴幼儿教师培养培训质量提供了政策保障。

20世纪90年代，德国人最先提出“学习领域—工作过程导向”的课程模式，强调理论与实践一体化融合及工作过程的系统化，而不是仅仅追求学科架构的系统化。美国阿图·葛文德医生在《清单革命》中详细解读了清单与标准对各行各业的意义和价值；《柳叶刀》杂志2005年发表的论文表明，标准的洗手方法，会大大降低某些疾病的发生率；海恩法则更是标准管理的典范。这些科学数据使我们认识到清单与标准的巨大力量，这些研究看似和教育无关，但却有内在的关联性，就是标准及规范化操作同样可以最大限度地避免教师教育行为的随意性及不科学性，避免给孩子造成不利的影响。

“幼儿园工作清单与活动指导丛书”突破了传统婴幼儿保育以知识点为基础的学科课程体系，遵循埃里克森的人生发展八阶段理论、布朗芬布伦纳的生态系统理论、加德纳的多元智能理论，尤其是蒙台梭利的教育理论，结合托幼机构的真实工作环境，提供理论和实践相结合的系统规范的操作清单与标准，以提升婴幼儿教师“工作过程知识”和岗位工作能力，从而提升其教育教学及管理成效。对于园长而言，它是一套简单有效的管理工具；对于教师而言，它是一部职业晋升的阶梯；对于即将走出校门的大学生而言，它是一本快速有效的岗前手册。我们期望该套丛书的出版，能够让托幼机构的办学管理可视化、标准化，让婴幼儿教师的教育教学行为职业化，让家庭养育和学校教育同步化。

准确地说，“幼儿园工作清单与活动指导丛书”不仅仅是一套操作手册，我们更愿意把它看作一种管理和教学思维方式，以启迪智慧，引发思考，为我国婴幼儿教育事业发展贡献绵薄之力。当然，由于该套丛书所提供的“清单”大都是研究者实践经验的积累和总结，难免会受到一些视野和能力的局限，定有不足之处，恳请广大读者、同行朋友们不吝批评指正！

李兴洲

2020年8月

目 录 CONTENTS

模块一 清单保教的理念与内涵 /1

第一章 清单保教的理念与模式 /3

一、清单是什么 /3

二、清单保教的意义 /3

三、清单保教的理念 /6

第二章 清单保教标准的使用及清单要点总览 /8

一、清单保教标准的使用 /8

二、托幼机构清单要点总览 /11

三、托幼机构一日生活清单要点与督导要点 /22

四、托幼机构安全与卫生清单要点与督导要点 /66

模块二 清单保教的理论基础 /75

第三章 清单保教的教育学基础 /77

一、现代脑科学研究成果 /77

二、埃里克森的人格发展八阶段理论 /77

三、布朗芬布伦纳的生态系统理论 /78

四、多元智能理论 /79

五、蒙台梭利教育理论 /80

六、课程关系 /81

第四章 清单保教的心理学基础 /82

一、0~1 岁婴儿的特点及发展需求 /82

二、1~2 岁幼儿的特点及发展需求 /87

三、2~3 岁幼儿的特点及发展需求 /90

四、3~4 岁幼儿的特点及发展需求 /94

五、4~5 岁幼儿的特点及发展需求 /97
六、5~6 岁幼儿的特点及发展需求 /99
第五章 关注婴幼儿发展的关键期 /101
一、关键期的由来 /102
二、客观看待婴幼儿成长过程中的关键期 /102
三、值得关注的婴幼儿发展的关键期 /103

模块三 婴幼儿保教活动方案 */111*
第六章 幼儿园区域教学活动与区域材料清单 /113
一、个性化区域活动教学 /113
二、区域材料清单 /117
第七章 0~6 岁婴幼儿日常活动方案清单 /122
一、0~3 岁婴幼儿日常活动方案清单 /122
二、3~6 岁幼儿日常活动方案清单 /138

模块四 家园共育 */147*
第八章 教师与家长沟通的清单要点 /149
一、一日生活与家长沟通的清单要点 /149
二、关于规则和意外伤害与家长沟通的清单要点 /159
三、入户指导的清单要点 /160
四、抚触和洗澡的清单要点 /170
第九章 家园共育清单保教标准与实施 /174
一、家园共育的重要意义 /175
二、建立初始档案 /176
三、家园互动清单保教标准 /182
四、家庭主题活动 /195

参考书目 */197*

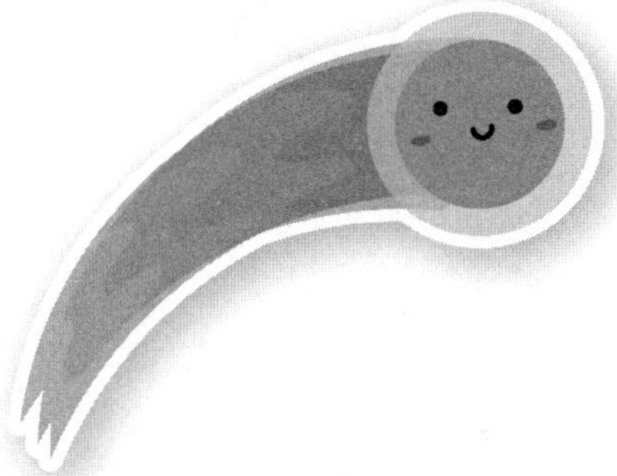

模块一　清单保教的理念与内涵

第一章　清单保教的理念与模式

一、清单是什么

所谓清单，即把日常工作中某一项工作的关键点按照这件事情的先后顺序写出来，一方面方便执行者执行，另一方面方便管理者管理。清单不是大而全的简单的操作手册，而是工作中的关键点的系统总结和科学编排。托幼机构清单指导学前教育从业者在日常工作中应关注哪些要点和操作规范。

托幼机构清单不是具体的课程内容，而是托幼机构的教师日常行为应遵循的标准，也是托幼机构管理者的管理依据。例如，托幼机构清单共包括 13 项要点，包括教师在一日工作中必须完成的 10 件事情。针对每一项内容我们列出了教师必须掌握的工作关键点，以及和家长沟通时的要点；明确了教师在做每一项工作时的标准要求，以提高其工作质量和工作效率，提升其职业素养。同时，清单融合了多种教育理念，坚持“生活即教育”的宗旨，将管理和教学简单化、规范化。

清单为教师和管理者提供了一套简单有效的工作指南，但并不禁锢教师的思想，反而倡导大家根据实际积极探索和创新，为婴幼儿提供个性化服务，促进婴幼儿全面健康地发展。在这些理念和原则的基础上，教师和管理者可以根据托幼机构的实际情况不断完善教育理念，创造性地开展各项教育与管理工作。

二、清单保教的意义

清单保教强调了每一项工作背后都蕴含着独特的教育价值和教育原则，在关注教育价值和教育原则的前提下，强调不同教育者行为的一致性，托幼机构与家庭行为的一致性，行为与环境的一致性。这些一致性有利于婴幼儿安全感的建立，有利于婴幼儿良好行为习惯的养成，有利于婴幼儿积极探索外部世界，有利于帮助婴幼儿建立秩序感，有利于激发婴幼儿的兴趣。

（一）对婴幼儿健康成长的意义

1. 有利于婴幼儿安全感的建立

婴幼儿只有在感到安全和舒适的情况下才会开始学习。清单养育通过规范教师在和婴幼儿互动时的行为，保持不同教师行为的一致性，从而建立起教师和婴幼儿之间相互信任的人际关系，最终提升婴幼儿的安全感。安全感能够提升婴幼儿的判断力，激发其最初的自我意识，从而使其逐渐发起自身活动，探索陌生世界，开启人生最初的学习之旅。

2. 有利于婴幼儿良好行为习惯的养成

清单保教标准中包含活动的规则与要求，即通过规范教师和家长的行为来塑造婴幼儿的行为，这也是按照婴幼儿行为模仿的特点来设计的。行为习惯的养成对婴幼儿极为重要，只有重复的、规范的、正确的行为，才有利于婴幼儿养成良好的行为习惯。

3. 有利于婴幼儿积极探索外部世界

清单保教标准建议教师和婴幼儿分享一天的活动计划，虽然他们未必能全部听懂，但坚持每天分享会让婴幼儿感受到一天的生活是有计划的。有计划的生活能让婴幼儿有所准备和有所期待，能让婴幼儿感觉到可以掌控自己的生活，乐于探索未知的外部世界，体验自己的成长，从而有利于其尽快融入集体生活。

4. 有利于帮助婴幼儿建立秩序感

清单保教标准建议教师在活动时告诉婴幼儿清晰的规则，如进入区域活动时、集体活动时要排队等待等。在这些过渡环节，教师可以通过微型课程的方式让他们有事可做，以提升婴幼儿的自我管理能力，帮助其建立秩序感。

5. 有利于激发婴幼儿的兴趣

清单保教标准建议教师通过提问的方式和婴幼儿讨论活动方案，以激发婴幼儿的兴趣，启发婴幼儿的创造性思维能力。

（二）对家庭科学育儿的意义

1. 提高家庭科学育儿的实效

清单保教标准使得家长了解了教师的规范行为，能让家长更好地理解托幼机构的教育理念，为家长科学育儿提供专业的、规范的、具有可操作性的引领，不断提高家庭科学育儿的实效。

2. 提高家园一致性

几乎每个托幼机构都在强调家园一致，虽然花费很多精力，但依然达不到理想的效果。调查发现，常见的原因如下：教师提供给家长的信息不是家长最需要的，教师没有提供给家长一日生活中的核心信息，教师提供的信息不清晰导致家长焦虑；再就是教师在某种程度上没有主导沟通的形式和内容等，最终导致家长对教师不信任。清单保教标准能够帮助教师筛选核心信息，帮助教师为家庭提供简单有效的方案，减少教师和家长沟通的成本，避免不必要的误会，最终提高家园一致性。

3. 减少家长的焦虑情绪

家长总希望通过多种渠道了解孩子在园所的情况，了解园所的管理模式及教师的教学方式。

清单保教标准可以向家长充分展示园所教学管理的规范性，减少家长的焦虑情绪。园所还可以告诉家长清单保教标准会统一教师的教学行为以及婴幼儿生活的环境，从而大大降低不确定因素对婴幼儿的影响，这也会减少家长的焦虑情绪。

（三）对托幼机构管理者的意义

1. 让管理更简单、更规范

清单保教标准给员工提供每一项工作的教育价值、教育原则和关键点，通过这些关键要素规范他们的行为，帮助管理者把教学的管理明细化、可视化和规范化，找到帮助员工成长的简单有效的方式。同时清单保教标准可作为教师晋升的重要参考。清单保教标准建议管理者把权力下放，让每个员工都做自己工作的主导，激发其工作的积极性，凝聚团队的力量和智慧，这也使得管理简单而高效。

2. 提高管理效率

目前大部分的托幼机构都在关注教学方案及教学执行，而在某种程度上忽略了比教学更重要的东西。管理者可以思考一下，每个学期因婴幼儿的意外抓伤、磕碰伤等发生的纠纷有多少？每个学期处理这种重复的事情有多少次？花费了多少时间？给教师增加了多少压力？家长对托幼机构的满意度受到多大影响？等等。清单保教标准可以有效地帮助我们减少这种情况的发生，因为清单保教标准为教师提供了在不同教学环节科学的站位和规范的做法。教育孩子是世界上最复杂的事情，也永远找不到一招制胜的法宝，但是清单保教标准可以帮助我们有目标地思考，确保正确的做事方式，并提醒我们要持续优化和改善做事的方式，降低错误的发生率。清单的核心要素不是清单，而是人，是帮助管理者换一种思维看待教育教学的管理，最终帮助管理者提高管理效率。

3. 降低员工流失率

据统计，幼儿园员工的流失率有逐年上升的趋势。培养一位好的幼儿园教师需要花费很高的成本，因为幼儿教育从业者必须做到理论和实践相结合，同时具有职业性和专业性，才能成为一位合格的幼儿园教师。清单保教标准把管理作为可视化的操作体系，可纳入员工晋升体系，如每月、每季度的评估成绩，再结合其他考核项目等，这些让员工对自己的职业晋升有了清晰的规划，也能让管理更加公平公正，从而降低员工流失率。

4. 融合教学中的课程关系

清单保教标准虽然不是具体的教学课程，却是课程管理的核心。显课程、潜课程、微型课程这三个维度组成了幼儿教育的核心课程。清单保教标准把三个维度的课程有机地结合在一起，是教学管理的综合体现，帮助托幼机构实现最终的教育价值。可以说，清单保教标准是托幼机构的核心管理体系。实际上，清单保教标准本身也是潜课程的重要组成部分，是托幼机构建构文化和传递教育理念的重要方式。

5. 提升园所品牌价值

品牌的价值在于差异性和可持续性，每个机构都希望获得可持续发展的驱动力，要做到这一点必须建构自己的品牌体系。品牌体系的建构应该具有清晰的逻辑，只有这样才能支持品牌的可持续发展。清单保教标准就是建立品牌体系的逻辑系统，也是品牌建构的基础。

（四）对员工发展的意义

1. 提升教师职业自豪感

清单保教标准能较大程度地规范教师的职业行为，让教师感受到真正的职业性。认知理论研究证明，如果不断地重复正确且有价值的行为，就可以改变人的思维。通过调查我们发现，清单保教标准可以帮助教师梳理做事情的思路，使其行为可视化、条理化，帮助教师体验行为背后的教育价值，也让教师体验到自己工作的价值，从而提升职业自豪感。

2. 提升教师核心职业素养

清单保教标准的要点及原则可以规范教师的行为举止，使其更加符合作为一名幼儿教育者的要求，比如蹲下来和幼儿说话，当幼儿有不当行为时走近幼儿并轻声告诉幼儿正确的做法，通过提示让幼儿有准备地结束活动，等等。清单保教标准也让教师更好地聚焦工作中的关键点，在不断重复正确的、规范的行为中，反思教学行为，思考教育的终极目标，从而提升核心职业素养。

三、清单保教的理念

任何教育模式都有内在的理念支撑。理念是教育模式的灵魂，所有的教学行为都要围绕理念来完成，如此才能实现教育的目标。清单保教标准用于规范教师教学行为，更需要科学的理念作为支撑。我们认为教育的终极目标是让一个人学会健康生活、快乐发展，而生活则代表着承担责任——承担个人责任，管理好自己；承担社会责任，为社会做贡献。教育的最高境界是培养具有创新思维的人，让一个人学会从不同的角度看待问题，找到不同的解决方案。教育的本质就是培养有用的人。

（一）儿童健康成长理念

婴幼儿时期是一个人成长发展的奠基时期。婴幼儿健康不仅仅是指身体的健康，更是指心理的健康。随着现代社会物质生活水平的不断提高，每个家庭都非常重视婴幼儿的喂养，这无疑是正确的。但是，我们也经常发现一些家庭存在过度喂养的情况，这些情况极易导致婴幼儿过度肥胖、体弱多病。还有一些家长只关注孩子的喂养，忽视了孩子肢体技能发展或心理发展不平衡等不容易觉察的问题。鉴于此，我们研发了婴幼儿清单保教标准，目的在于纠正婴幼儿养育过程中那些不正确、不科学、不规范的观念和行为，倡导用正确、科学、规范的知识和方法，帮助教师和家长科学育儿，促进婴幼儿身心健康发展。

（二）科学保教理念

婴幼儿时期是个体生命能力最需要帮助的时期，这一时期的个体非常需要成人和周围环境的大力支持。然而，在日常的家庭生活和托幼机构保育过程中，时常会出现一些婴幼儿受伤害的事件，有些是对婴幼儿身心发展规律的无知无意造成的，有些是错误的观念或不科学的信息指导造成的，还有些是不规范的操作造成的，不一而足。清单保教标准按照婴幼儿身心发展科学知识和规律，遵循科学保教理念，为教师和家长提供科学保教、科学养育的知识指导和规范的操作流程，实现科学保教、科学养育。

（三）工作过程导向理念

20 世纪 90 年代，德国人最先提出“学习领域—工作过程导向”的课程模式，强调理论与实践的一体化融合，重视掌握工作过程的知识和结构，强调工作过程的系统化，而不是仅仅追求学科架构的系统化。“工作过程”是指为完成一件工作任务并获得工作成果而进行的完整的工作程序。基于工作过程的课程模式指向的是工作过程而非学科，课程开发的起点是职业需求而非知识。课程内容选择标准以过程性知识为主，以成熟性知识为辅，以怎样做和怎样做得更好的知识为主，更多关注工作过程中的对象、内容、手段、组织、产品、环境以及知识的应用。传统的教学方法只注重知识的传授，不能有效地提高学生的实践能力和解决实际问题的能力，然而培养的学生若职业能力欠缺，就会直接影响其就业。清单保教标准突破了传统婴幼儿保育以知识点为基础的学科课程体系，通过设计接近幼儿园所真实工作环境的学习情境，使幼儿教师和学前教育专业的学生在学习过程中掌握幼儿园所的“工作过程知识”和岗位工作能力，不断提升他们的科学保教能力和专业发展水平。

（四）规范操作理念

清单保教标准是一套完整的工作流程和操作规范，是我们在多年的实践探索和经验总结的基础上开发而成的，具有广泛的适用性和推广价值，其显著特点就是标准化、规范化，能最大限度地避免幼儿教师在保育过程中一些行为的随意性、不科学性。这一方面有利于标准化的管理和督导；另一方面也避免了教师流动给保教工作带来的不连贯风险。

（五）家园协调共育理念

婴幼儿保教工作非常需要托幼机构和家庭密切合作、协调共育，而这也恰恰是婴幼儿保教工作的难点。许多家长因为工作、生活、知识储备等，没有时间、没有精力、没有能力甚至在思想观念上不愿意与托幼机构积极配合，或者有的家长愿意积极配合但又找不到合适的方式方法，这些都增加了家园协调共育的难度。清单保教标准一方面为幼儿教师提供了科学化、标准化的保教规范，另一方面也可以作为家长了解掌握托幼机构日常教育教学活动的有效参考。再结合我们的“家庭养育清单”，家长就能够很好地与托幼机构无缝对接，相互协调，形成合力，共同促进婴幼儿健康成长。

总之，清单保教标准充分体现了现代婴幼儿保育积极倡导的“儿童为本”的理念，为孩子提供安全、简单、有序的成长环境，给予孩子科学、规范的智慧保育，让保教更为科学、合理，让管理变得简单、规范、有效，不断提高幼儿教师的专业素养，增强其职业自豪感，最终实现为孩子的健康成长保驾护航。

第二章　清单保教标准的使用及清单要点总览

一、清单保教标准的使用

清单保教标准重点关注托幼机构的教学管理部分，教学管理是托幼机构保障教学质量的核心。婴幼儿在托幼机构阶段最重要的是行为习惯及学习兴趣的养成。清单保教标准结合一日生活中的所有活动，分别设计了活动准备清单及过程清单等，同时结合班级每个教师的岗位职责，设计了每个教师的工作清单，以便教师在教学过程中保持行为一致性。这种行为一致性并不是限制教师的行为，而是围绕教育理念，让教师进行规范的、标准化的教学。清单在很大程度上帮助教师更加详细地了解各自的工作内容和流程，有助于促进教师之间的协调配合，创造和谐一致的教学生活环境。

（一）清单保教标准的使用方法

清单保教标准的本质就是使工作简单有序，促进团队高效合作。清单要点让教师用相对简单而直接的方法来塑造自己的职业行为，从而形成习惯。我们在指导过的托幼机构中做过调查，结果显示，大部分机构的管理者和教师在使用清单一个学期后反馈效果较好，大部分管理者和教师会成为清单使用的积极支持者和推动者。为了让教师尽快掌握并达到清单中的要求，可以每周开展 2~3 个关于清单要点的活动，并每天进行反思与修正。大部分教师在 4~6 周后就可以掌握全部的清单要点。在开始的时候有些教师会感觉有些麻烦，因为按照清单要求进行工作会改变原来的一些工作方法，因此在开始的时候，可以从1~2个要点开始，具体方法和培训顺序可以参考表2-1。

表2-1　具体方法和培训顺序

时间安排	清单序号和内容	研讨与复盘
第一周	保育优先原则的学习与掌握	班级每日讨论问题与修正
	入园准备环节	
	早间接待及区域自由活动环节	
第二周	早餐环节	班级每日讨论问题与修正
	早间分享环节	
第三周	过渡环节与户外活动环节	班级每日讨论问题与修正
	间点与饮水环节	
第四周	区域活动环节	班级每日讨论问题与修正
	集体活动环节	
第五周	室内过渡环节	班级每日讨论问题与修正
	午睡与起床环节	
第六周	离园环节	全体教师反馈与修正
	研讨与复盘环节	

在开始使用的时候需要注意以下问题：

第一，保育优先原则是托幼机构的核心原则，是教师要首先了解和掌握的内容。

第二，对照清单细则每天要进行研讨与反馈，并确定第二天的工作方案和需要注意的事项。

第三，根据班级反馈情况，确定每周执行的具体内容。

清单保教标准包括班级所有教师的工作内容，方便所有教师在工作中使用。清单保教标准还配有后续系统的培训课程，以帮助教师更好地理解和执行清单要点，真正贯彻托幼机构的教育理念。

这里提供的清单保教标准是基础版，托幼机构可以根据实际情况适当调整，形成自己的管理模式。为了更好地完成清单的内容，托幼机构应该成立清单保教标准支持小组，支持各班教师的具体工作，也可以考虑设立实验班。

设立实验班的好处：

第一，全园集中精力打造一个班级，聚焦所有问题，集中解决。

第二，实验班可以作为培养新入职教师的基地。

第三，提升实验班教师的积极性。

第四，可以体现个性化教学，且能关注到婴幼儿的个性化需要。

成立支持小组和实验班的具体方法，可以参考表 2-2 的内容。

表 2-2　成立支持小组和实验班的具体方法

主题	内容	周期或频率	负责人或参与者
确定实验班	严格执行清单保教标准的内容	4~6 周	教研主管与班长
成立支持小组	管理层每人负责一个班级，协助班级执行和复盘	每天	教研主管
建立督导与支持计划	成立督导小组，每周固定时间督导	每周	教研主管与班长
	发现问题立即反馈，给予指导纠正	及时反馈	
确定流程执行节奏	每周 1~2 个环节，6~8 周完成所有的标准。确定反馈时间	每天反馈与修正	教研主管与全班教师
自查与修正	每天下午婴幼儿离园后复盘，讨论存在的问题和纠正方案	每天	负责人与全体教师
督导与评估	两个月后进入固定督导和评估阶段 督导内容包括：一日流程、班级档案、班级卫生等	每月	督导与支持小组
研讨与优化	每学期对一日流程进行研讨，优化一日流程与标准	每学期	全体管理者与全体教师

（二）清单与教师岗位职责

托幼机构的班级就是一个小的团队，班级教师岗位的职责有详细的分工，但教师不能认为只要把自己分内的事情做好就行了，而应该思考如何更好地实现团队的目标。清单保教标准确保大家在面对事情时，能够像一个团队一样沟通与协作。清单包含了团队合作的检查项目，如班级的总体目标及活动结束后共同完成的项目等。具体来讲，清单保教标准告诉教师日常教学中的行为规范，而岗位职责告诉教师在执行清单保教标准时应该完成的工作，也就是强调了围绕共同的教学目标，在同一时间内教师在不同岗位上的具体分工。

主班老师是班级的主导者，配班老师主要协助主班老师的教学，而生活老师则主要关注婴幼儿的生活需要：三个老师既有分工又有合作。但需要明确的是，无论做任何工作，标准都是一致的。清单保教标准是老师在执行岗位职责时的行为标准，是一体的，而不是分隔开的。简单地说，岗位职责告诉你做什么，清单保教标准告诉你应该怎么做。

教师在使用清单时需要注意以下问题：

第一，帮助教师相互了解对方的工作要点，避免重复工作，从而提升工作效率，同时避免漏掉重要的工作。

第二，清单要点提供的是工作的原则和要点，允许教师根据实际情况做出调整。

第三，清单提供的时间只是一个参考，教师可因不同情况进行调整。

第四，清单要点看起来很复杂，但也只是把每一件事情分解成了比较详细的步骤，以帮助规范教师的行为。这也符合教师成长的规律，先做加法，再做减法。

第五，清单保教标准提炼了托幼机构通用的、普遍的要求和规范，是可以复制和推广的，但由于教育行为面对的是幼儿，每个幼儿都是独特的，即便是同一个幼儿，今天和明天也是不同的，因此教育又不能简单地复制。

二、托幼机构清单要点总览

教育孩子是一件极其复杂的事情，因为每个孩子都是独特的。保教优先原则，首先强调尊重孩子的个性和特点，而不是关注问题和错误。清单保教标准中的家长清单要点就是提醒教师在和家长沟通时的关键信息。通过家长清单，教师可避免传递消极的信息。家长清单虽不列为直接考核内容，但却是教师必须掌握的，这些内容会渗透在一日生活的很多环节中。

（一）保育优先原则清单要点

案例分享：家庭看护方式

满满是中班的一个小男孩，每当集体活动时，他总是紧挨着老师或需要抓住老师的衣服，有时甚至不想去外面玩，并且对于某些具有挑战性的活动总是反复地说自己害怕。即便老师鼓励他，他也拒绝尝试。在室内活动时，满满也不喜欢和小朋友一起，如果有小朋友打扰了他，他会立即打其他小朋友，并且大声哭闹。面对这种情况，老师应该从家庭教养方式及孩子的个性特征方面思考以下问题。

①通过什么样的活动可以让满满释放自己的恐惧情绪？

②用什么样的方式和满满讨论最合适？

③老师要提供哪些支持来帮助满满？

④如何和家长沟通孩子的这种情况？

幼儿园的保育工作直接影响幼儿的身体健康与生活质量。保育是家庭教育功能在幼儿园的自然延伸，是帮助幼儿建立安全感和归属感的最好途径；是幼儿教师与幼儿建立亲密关系的最好途径，是整个幼儿园教育得以开展的根基；是幼儿园实施生活教育的直接途径，是幼儿园整体教育目标得以实现的根本保障。所谓“保育优先，教育其次”是指自幼儿入园起，教师就应始终把保育工作放在首位，在保证幼儿身体健康、生活愉快的前提下，再设计和组织教育教学活动，因此保证幼儿日常生活的舒适、平日心情的愉悦，应是幼儿教师首要的关注点。表 2-3 为保育优先原则清单要点。

表 2-3　保育优先原则清单要点

保育优先原则清单要点			
核心价值	安全感、适应环境、合作、自我意识、自信 、健康。		
教育原则	生活即教育！		
项目	清单内容	教师清单要点	教师和家长沟通的清单要点
保教原则	1. 尊重孩子的生理特点及个性特征，及时满足需求。	（1）性格外向的孩子，授权和制定规则。	（1）不同性格孩子教养方式。
		（2）性格内向的孩子，鼓励和支持。	（2）回应孩子的方式。
		（3）情绪稳定地回应孩子的任何需要。	（3）家庭看护人的行为一致对孩子的重要性。
		（4）教师的行为一定要一致。	
	2. 习惯养成。	（1）了解孩子的生活习惯和规律，如饮食、饮水、睡眠、大小便等。	（1）好习惯的重要性。
		（2）遵循清单中有关生活环节的要点，关注教育内容的渗透。	（2）给予家长有效的方案。
		（3）关注孩子的独立性要求，做好观察记录。	
		（4）教师行为的一致性。	
照料过程	3. 尽量固定看护人。	（1）固定看护人，促进孩子安全依恋关系的建立。	（1）不要频繁更换看护人和居住场所。
		（2）掌握孩子的生活习惯和规律。	（2）培养孩子良好的生活习惯。
		（3）回应时教师应该保持情绪稳定，语气温和，并有眼神的交流。	（3）回应时语气温和，有眼神的交流，避免不停地摇摆孩子。

续表

照料过程	4. 及时回应孩子的需求。	（1）及时回应孩子的哭声及言语，并要保持情绪稳定。	（1）孩子有需要时要平静地回复。
		（2）积极回应孩子的需求，有利于孩子情感的发展。	（2）注意父母情绪对孩子情感的影响。
	5. 使用完整的语言和孩子沟通。	（1）使用完整的语言和孩子沟通，不要使用重叠语。	（1）给家长示范正确的沟通方式。
		（2）语气温和而坚定。	（2）强调家庭一致性。
		（3）说的时候语速要慢、吐字要清晰，必要时重复。	
特殊情况	6. 面对孩子的消极情绪：接纳—理解—爱。	（1）情绪稳定地回应孩子的需要，如安静地抱抱。	（1）给家长提供积极的情绪管理办法。
		（2）判断孩子是否身体不适等。	
		（3）排除异常后可将孩子的注意力转移到更有意义的事情上来。	
		（4）清晰完整地说出孩子的需要，让孩子感到被接纳和被理解。	
		（5）不管发生什么，都不能训斥孩子，安静地陪伴会让孩子很快安静下来。	

（二）托幼机构一日生活清单要点总览

《幼儿园教育指导纲要（试行）》要求“合理、科学地安排和组织一日生活”，特别强调时间既要相对稳定又要有一定的灵活性，关注到个体需要，要保证孩子每天有适当的自主选择和自由活动的时间，尽量减少孩子消极等待的时间，并帮助孩子建立良好的习惯，培养孩子的自我管理能力。这些都是幼儿教师应该遵循的原则。同时《幼儿园教师专业标准（试行）》特别对幼儿园一日生活组织及保育能力提出了基本要求，如合理安排和组织一日生活中的各个环节，将教育灵活地渗透到一日生活中，科学照料幼儿的日常生活，充分利用各种教育契机对幼儿进行随机教育，并有效保护幼儿避免意外伤害及掌握危险时候的救护方式等。

托幼机构一日生活清单（详见表 2-4）基于《幼儿园教育指导纲要（试行）》与《幼儿园教师专业标准（试行）》的要求，并结合教师的岗位职责，提醒教师关注一日生活的细节与核心，确定正确的做事方式，实现生活即教育的目标。为了方便教师使用，我们特别把教师一日工作清单做成一览表，帮助每位教师了解一日生活中有哪些关键环节，每个环节所包括的关键点是什么，并且标明了每位教师在自己工作职责范围之内的清单要点总数。当教师有了总体了解之后，再对应具体环节中的关键点，了解相应的具体要求。

在使用一览表时需要说明以下问题：

第一，清单提供的是托幼机构的常规操作，每个机构可以根据自己的具体情况进行优化和修改。

第二，当教师都熟悉和掌握了清单要点后，可以根据情况减少某些要点。

第三，一日生活中有重复的环节，比如一日三餐、间点和饮水、过渡环节、户外活动等环节。

第四，教师的工作岗位不同，工作内容也不相同，相应的工作项目与要点也不同，得到的总分也是不同的。

第五，计算重复的部分是提醒教师在做重复的工作时依然应该按照清单要点的要求去做。

评分与评估参考的标准：

第一，根据一日工作流程中每个工作项目的重要性对每个项目要点进行了评分赋值。做到则该项得分，没做到或有较大瑕疵则该项不得分。

第二，在一日工作流程中，教师的岗位不同，清单的要点及标准的数量也不同。为了方便计算，每一个清单要点均按 1 分计算。如主班老师共有 116 个工作细节、257 个清单要点，满分即 257 分；配班老师共有 108 个工作细节、206 个清单要点，满分即 206 分；生活老师共有 109 个工作细节、182 个清单要点，满分即 182 分。在考核评估时教师各项得分合计达到总分的 80% 及以上为合格，低于 80% 为不合格。如主班老师满分为 257 分，257 × 80% = 205 分，即 205 分及以上为合格。其他老师的考评方式相同。不同的托幼机构可以根据自己的考核制度，制定考核评估标准，并设计业绩奖惩。

表 2-4　托幼机构一日生活清单要点一览表

（一）入园准备环节								
主班老师			配班老师			生活老师		
清单主题内容	清单要点数量	评分	清单主题内容	清单要点数量	评分	清单主题内容	清单要点数量	评分
1. 每日打卡。	3	3	1. 每日打卡。	3	3	1. 每日打卡。	3	3
2. 安全检查。	4	4	2. 音乐准备。	1	1	2. 环境准备。	4	4
3. 教具检查。	5	5	3. 确认更衣区域。	2	2	3. 更衣和换鞋区域。	2	2
4. 文档检查。	5	5	4. 确认插卡物品。	2	2	4. 生活用品准备。	3	3

续表

5. 应对不确定事件。	1	1	5. 确认教具。	2	2	5. 环境安全。	1	1
			6. 辅助工作。	1	1			
小计（5）	18	18	小计（6）	11	11	小计（5）	13	13
（二）早间接待及区域自由活动环节								
主班老师			配班老师			生活老师		
清单主题内容	清单要点数量	评分	清单主题内容	清单要点数量	评分	清单主题内容	清单要点数量	评分
1. 接待时状态与姿势。	4	4	1. 协助主班老师完成早间接待。	1	1	1. 指导孩子更换衣服和室内鞋。	3	3
2. 和孩子打招呼。	2	2	2. 协助生活老师指导孩子更换衣服和室内鞋。	3	3	2. 整理鞋柜和衣柜。	2	2
3. 晨检。	5	5	3. 插卡或粘贴入园标识。	2	2	3. 整理及保持班级卫生。	1	1
4. 与家长沟通时的站位。	4	4	4. 负责区域自由活动。	5	5	4. 餐具准备。	2	2
5. 引导孩子进入下一个环节。	4	4	5. 收玩具。	5	5			
6. 收玩具。	4	4						
小计（6）	23	23	小计（5）	16	16	小计（4）	8	8
（三）早餐环节								
主班老师			配班老师			生活老师		
清单主题内容	清单要点数量	评分	清单主题内容	清单要点数量	评分	清单主题内容	清单要点数量	评分
餐前准备								
1. 确认值日生。	3	3	1. 配合主班老师工作。	1	1	1. 配合配班老师工作。	1	1

续表

2. 微型课程。	2	2	2. 关注如厕与洗手的孩子。	2	2	2. 确认餐具和饭菜。	3	3
			3. 协助孩子穿罩衣。	1	1	3. 餐前分享。	2	2
进餐时间								
1. 常规指导。	2	2	1. 播放进餐音乐。	1	1	1. 分餐原则。	1	1
2. 餐桌礼仪。	2	2	2. 协助常规培养。	2	2	2. 分餐站位。	1	1
3. 关注需要协助的孩子。	4	4	3. 关注有需要的孩子。	2	2	3. 礼貌用语。	1	1
						4. 加餐过程。	2	2
餐后整理								
1. 椅子归位。	2	2	1. 协助归位。	2	2	1. 清洁餐桌、地面。	2	2
2. 语言提示。	1	1	2. 饭后清洁。	1	1	2. 关注洗手和如厕的孩子。	1	1
3. 微型课程。	1	1	3. 协助微型课程。	1	1	3. 送餐具。	1	1
小计（8）	17	17	小计（9）	13	13	小计（10）	15	15
（四）早间分享环节								
主班老师			配班老师			生活老师		
清单主题内容	清单要点数量	评分	清单主题内容	清单要点数量	评分	清单主题内容	清单要点数量	评分
分享准备								
1. 检查地点与空间。	2	2	1. 搬椅子到指定地点。	1	1	1. 有效提醒。	1	1
2. 准备椅子。	2	2	2. 保证安全。	1	1	2. 保持清洁。	1	1
分享过程								
1. 站位。	1	1	1. 协助主班老师。	1	1	1. 协助主班老师。	1	1

续表

2. 使用微型课程。	1	1	2. 关注没有分享的孩子。	2	2	2. 关注没有分享的孩子。	1	1
3. 关注所有孩子。	2	2	3. 蹲下来。	2	2	3. 保持清洁。	1	1
4. 分享内容。	3	3	4. 关注有需要的孩子。	2	2	4. 参与分享。	2	2
						5. 其他工作安排。	1	1
小计（6）	11	11	小计（6）	9	9	小计（7）	8	8
（五）过渡环节与户外活动环节								
主班老师			配班老师			生活老师		
清单主题内容	清单要点数量	评分	清单主题内容	清单要点数量	评分	清单主题内容	清单要点数量	评分
过渡环节								
1. 排队与站位。	4	4	1. 关注盥洗中的孩子。	3	3	1. 准备水和水杯。	1	1
2. 有效提示。	1	1	2. 有效提醒与组织。	3	3	2. 站位。	1	1
3. 组织与合作。	4	4	3. 安全站位。	2	2	3. 灵活安排。	1	1
4. 安全防护。	1	1	4. 携带教具。	1	1			
户外活动环节								
1. 场地及玩教具安全。	2	2	1. 协助主班老师。	2	2	1. 协助主班老师。	1	1
2. 讲述规则。	1	1	2. 安全意识。	2	2	2. 关注孩子。	3	3
3. 组织老师站位。	2	2	3. 活动结束。	2	2	3. 活动结束。	3	3
4. 班级合作。	1	1						
5. 活动形式。	2	2						
6 清点人数。	1	1						
7. 活动结束。	2	2						
小计（11）	21	21	小计（7）	15	15	小计（6）	10	10

续表

（六）间点与饮水环节								
主班老师			配班老师			生活老师		
清单主题内容	清单要点数量	评分	清单主题内容	清单要点数量	评分	清单主题内容	清单要点数量	评分
1. 使用微型课程。	3	3	1. 协助与引导。	2	2	1. 穿戴分餐服。	1	1
2. 安静陪伴。	1	1	2. 关注与引导。	2	2	2. 用餐准备。	1	1
3. 关注孩子加餐。	2	2	3. 引导餐毕的孩子。	1	1	3. 值日生分餐与站位。	3	3
4. 微型课程组织。	1	1				4. 倒水与整理。	2	2
小计（4）	7	7	小计（3）	5	5	小计（4）	7	7
（七）区域活动环节								
主班老师			配班老师			生活老师		
清单主题内容	清单要点数量	评分	清单主题内容	清单要点数量	评分	清单主题内容	清单要点数量	评分
区域标准								
1. 区域确认。	3	3	1. 环境准备。	3	3	1. 环境准备。	1	1
2. 材料丰富，定期更新。	2	2	2. 玩教具准备。	2	2	2. 玩具准备。	1	1
3. 区域规则。	3	3	3. 定期检查。	1	1			
活动过程								
1. 区域活动的要求。	4	4	1. 协助主班老师。	2	2	1. 参与区域活动。	1	1
2. 观察活动过程。	3	3	2. 观察活动过程。	3	3	2. 关注有需求的孩子。	1	1
3. 关注孩子活动时的状态。	3	3	3. 关注孩子活动时的状态。	3	3	3. 关注孩子活动时的状态。	3	3
4. 关注先完成的孩子。	1	1	4. 关注先完成的孩子。	2	2	4. 关注先完成的孩子。	1	1
5. 有效提示。	1	1	5. 有效提示。	1	1	5. 有效提示。	1	1
						6. 结束后整理。	1	1

续表

小计（8）	20	20	小计（8）	17	17	小计（8）	10	10
（八）集体活动环节								
主班老师			配班老师			生活老师		
清单主题内容	清单要点数量	评分	清单主题内容	清单要点数量	评分	清单主题内容	清单要点数量	评分
活动准备								
活动区域及安全。	3	3	活动区域及安全。	3	3	活动区域及安全。	3	3
活动过程								
1. 组织活动。	1	1	1. 组织活动。	1	1	1. 组织活动。	1	1
2. 活动材料。	1	1	2. 活动材料。	1	1	2. 活动材料。	1	1
3. 老师之间的协助。	4	4	3. 老师之间的协助。	4	4	3. 老师之间的协助。	4	4
4. 关注孩子活动时的状态。	4	4	4. 关注孩子活动时的状态。	4	4	4. 关注孩子活动时的状态。	4	4
活动结束								
1. 有效提示。	1	1	1. 有效提示。	1	1	1. 有效提示。	1	1
2. 分享与结束。	4	4	2. 分享与结束。	4	4	2. 分享与结束。	4	4
小计（7）	18	18	小计（7）	18	18	小计（7）	18	18
（九）室内过渡环节								
主班老师			配班老师			生活老师		
清单主题内容	清单要点数量	评分	清单主题内容	清单要点数量	评分	清单主题内容	清单要点数量	评分
1. 组织与站位。	4	4	1.关注盥洗中的孩子。	3	3	1. 准备和确认。	1	1
2. 安全防护。	2	2	2. 安全防护。	1	1	2. 协助其他老师。	1	1
3. 有效提示 。	1	1	3. 有效提示。	1	1			
小计（3）	7	7	小计（3）	5	5	小计（2）	2	2

续表

（十）午餐环节（请参考三、早餐环节）								
（十一）午睡与起床环节								
主班老师			配班老师			生活老师		
清单主题内容	清单要点数量	评分	清单主题内容	清单要点数量	评分	清单主题内容	清单要点数量	评分
午睡准备								
餐后散步。	1	1	1. 音乐与温度。	2	2	准备午睡环境。	3	3
			2. 协助其他老师。	2	2			
上床入睡前								
1. 引导上床。	2	2	1. 引导上床。	2	2	1. 引导上床。	2	2
2. 安全检查。	2	2	2. 安全检查。	2	2	2. 安全检查。	2	2
午睡环节								
1. 确认值班老师。	2	2	1. 确认值班老师。	2	2	1. 确认值班老师。	2	2
2. 巡回观察记录。	4	4	2. 巡回观察记录。	4	4	2. 巡回观察记录。	4	4
3. 关注有需要的孩子。	3	3	3. 关注有需要的孩子。	3	3	3. 关注有需要的孩子。	3	3
4. 教师行为。	1	1	4. 教师行为。	1	1	4. 教师行为。	1	1
起床环节								
1. 播放音乐。	1	1	1. 配合主班老师。	1	1	1. 准备间点和饮水。	1	1
2. 穿衣与如厕。	2	2	2. 整理床铺。	1	1	2. 配合其他老师。	1	1
						3. 帮助有需要的孩子。	1	1
小计（9）	18	18	小计（10）	20	20	小计（10）	20	20
（十二）下午过渡环节与户外活动环节 （参考五、过渡环节与户外活动环节）								
（十三）下午间点与饮水环节（参考六、间点与饮水环节）								
（十四）下午区域活动环节（参考七、区域活动环节）								

续表

（十五）晚餐环节（参考三、早餐环节）								
（十六）离园环节								
主班老师			配班老师			生活老师		
清单主题内容	清单要点数量	评分	清单主题内容	清单要点数量	评分	清单主题内容	清单要点数量	评分
离园准备								
1. 检查确认。	1	1	1. 引导洗漱。	1	1	1. 将孩子衣物有序分类。	1	1
2. 与家长沟通准备。	1	1	2. 衣物无误。	1	1	2. 引导洗漱及进餐。	3	3
离园环节								
1. 集中孩子。	1	1	1. 协助主班老师。	2	2	1. 引导孩子。	1	1
2. 离园分享。	1	1	2. 确认与站位。	2	2	2. 确认物品。	1	1
3. 确认与排队。	2	2	3. 关注所有孩子。	1	1	3. 协助主班老师。	1	1
4. 和家长沟通。	1	1						
5. 再见。	1	1						
小计（7）	8	8	小计（5）	7	7	小计（5）	7	7
（十七）研讨与复盘环节								
主班老师			配班老师			生活老师		
清单主题内容	清单要点数量	评分	清单主题内容	清单要点数量	评分	清单主题内容	清单要点数量	评分
1. 确定主题内容。	1	1	1. 确定主题内容。	1	1	1. 确定主题内容。	1	1
2. 讨论要点。	5	5	2. 讨论要点。	5	5	2. 讨论要点。	5	5
3. 第二天准备。	1	1	3. 第二天准备。	1	1	3. 第二天准备。	1	1
小计（3）	7	7	小计（3）	7	7	小计（3）	7	7

三、托幼机构一日生活清单要点与督导要点

（一）入园准备环节

入园准备即帮助教师有准备、有计划地开展工作，使其工作起来得心应手，始终保持良好的精神面貌，以积极的心态迎接孩子的到来。本环节围绕环境卫生与安全、教具确认及日常用品的确认等提供了不同教师岗位的清单要点与督导要点（详见表 2-5、表 2-6），帮助教师做好准备迎接孩子的到来。

表 2-5 入园准备环节教师清单要点与评分汇总

	清单主题内容	清单要点数量	评分		清单主题内容	清单要点数量	评分		清单主题内容	清单要点数量	评分
主班老师	1.每日打卡。	3	3	配班老师	1. 每日打卡。	3	3	生活老师	1. 每日打卡。	3	3
	2. 安全检查。	4	4		2. 音乐准备。	1	1		2. 环境准备。	4	4
	3. 教具检查。	5	5		3.确认更衣区域。	2	2		3. 更衣和换鞋区域。	2	2
	4. 文档检查。	5	5		4.确认插卡物品。	2	2		4. 生活用品准备。	3	3
	5. 应对不确定事件。	1	1		5. 确认教具。	2	2		5. 环境安全。	1	1
					6. 辅助工作。	1	1				
	小计（5）	18	18		小计（6）	11	11		小计（5）	13	13

表 2-6 入园准备环节教师清单要点与督导要点

环节与主题	教师岗位	清单要点		督导要点	评分
入园准备环节	所有老师（共计3分）	1.每日打卡。（妆容整理）（3分）	（1）穿园服及平底鞋。	（1）穿园服及平底鞋。	1
			（2）指甲、头发、首饰符合要求。	（2）指甲、头发、首饰符合要求。	1
			（3）淡妆上岗。	（3）淡妆上岗。	1

续表

环节与主题	教师岗位	清单要点		督导要点	评分
入园准备环节	主班老师（共计15分）	2.安全检查。（4分）	（1）窗帘固定在窗户的两侧或卷起，保证窗帘的绳子挽住，固定在1.2米以上的高度，即孩子不能够到的地方。	（1）窗帘固定在窗户的两侧或卷起，不遮挡窗户。窗帘绳挽住不易拉开，高度在1.2米以上。	1
			（2）地面清洁，无水渍和污渍。	（2）地面清洁、干燥，不湿滑。	1
			（3）孩子可以触摸到的地方均清洁无污渍。	（3）孩子触摸到的地方清洁、干爽。	1
			（4）生活用品（毛巾、水杯等）在指定的地方。	（4）孩子的生活用品放在固定位置，标识清晰。	1
		3.教具检查。（5分）	（1）检查插卡板是否在固定的地方，即1.2米以下的位置。	（1）插卡板在1.2米以下的位置，稳定牢固。	1
			（2）为早来的孩子准备2~3个自由活动区域，每个区域有3~5个玩具筐。	（2）自由活动区域标识清晰，玩具充足。	1
			（3）检查插卡用物数量，符合孩子的特点，并与教学活动有关。	（3）每个孩子一个插卡用物。	1
			（4）玩具清洁卫生，功能及零部件完好无损。	（4）玩具清洁，功能完好。	1
			（5）活动区域玩具柜距离适当，不拥挤。	（5）活动区域空间安全，大小适合孩子活动和走动。	1
		4.文档检查。（5分）	（1）服药记录单。	（1）一本。	1
			（2）教师交接记录单。	（2）一本。	1
			（3）教案。	（3）一本。	1
			（4）幼儿观察记录资料。	（4）每个孩子一本。	1
			（5）其他特别记录。	（5）一本。	1
		5.应对不确定事件。（1分）	园所临时发生的事情及家长的应急咨询等。	有效回应及处理。	1

续表

环节与主题	教师岗位	清单要点		督导要点	评分
入园准备环节	配班老师（共计8分）	2.音乐准备。（1分）	到岗后播放轻松的入园音乐。	播放音乐和教案一致。	1
		3. 确认更衣区域。（2分）	（1）确认更衣柜整齐整洁。	（1）整齐整洁。	1
			（2）确认更衣柜上的孩子姓名标识清晰，无破损。	（2）标识清晰。	1
		4. 确认插卡物品。（2分）	（1）按照班级人数准备插卡用物。	（1）按照班级人数，每人一个。	1
			（2）插卡放在插卡板的一侧，即方便孩子取放的地方。	（2）插卡板稳定，方便孩子使用。	1
		5.教具确认。（2分）	（1）为早来的孩子准备2~3个自由活动区域。	（1）活动区域标识清晰。	1
			（2）每个区域3~5个玩具筐。	（2）玩具放在玩具筐里。	1
		6.辅助工作。（1分）	辅助主班老师或生活老师的工作。	辅助工作安排合理。	1
	生活老师（共计10分）	2.环境准备。（4分）	（1）到岗后首先开窗通风。	（1）开窗通风。（冬季在孩子进教室前10分钟关窗）	1
			（2）窗帘固定在窗户的两侧或卷起，保证窗帘的绳子挽住，固定在1.2米以上的高度，即孩子不能够到的地方。	（2）窗帘固定在窗户两侧或卷起，不遮挡窗户。窗帘绳挽住不易拉开，高度在1.2米以上。	1
			（3）所有孩子能够触摸到的地方，如门把手、水杯格、桌面、桌腿等清洁—消毒—清洁（以下简称清消清）一次。	（3）按照要求清消清一次。	1
			（4）地面清消清一次。	（4）按照要求清消清一次。	1
		3. 更衣和换鞋区域。（2分）	（1）每个孩子都有自己的衣柜。	（1）每人一个衣柜。	1
			（2）引导孩子换室内鞋，将衣物放入自己的柜子里。	（2）鞋子、衣服放在自己的衣柜里，保持整齐一致。	1

续表

环节与主题	教师岗位	清单要点		督导要点	评分
入园准备环节	生活老师（共计10分）	4. 生活用品准备。（3分）	（1）孩子所有的生活用品（毛巾、水杯、牙刷、漱口水等）准备到位。	（1）生活用品放在指定位置。	1
			（2）准备常温饮用水，并确定温度适宜，不会烫伤孩子。	（2）常温饮用水放在指定位置。	1
			（3）每个餐桌上都有餐巾纸、垃圾盘等。	（3）餐具及餐巾纸放在指定位置。	1
		5.环境安全。（1分）	活动室及卫生间地面无湿滑。	所有地面不湿滑。	1

（二）早间接待及区域自由活动环节

早间接待是教师一天工作的开始。教师接待孩子时的状态有时会决定孩子一天的生活状态。本环节为教师提供了展示职业素养的清单要点，如接待时的状态与姿势等（详见表2-7、表2-8）。结合教师不同的岗位职责，为教师提供了在早间接待时各自的任务清单要点，以保证班级教师在同一时间内既有分工又有合作，共同完成早间接待，帮助孩子开启一天的美好生活。这个环节中区域自由活动的区域不作为当天的教学使用，是为早到园的孩子特别准备的，每天开放的区域都不一样，它的价值在于早来的孩子每天都可以自由地探索。如果孩子每天都早来幼儿园，就多了很多体验的机会，这也是鼓励孩子早来幼儿园避免迟到的有效的方式，当然这也需要教师从专业的角度和家长沟通。

表2-7 早间接待及区域自由活动环节教师清单要点与评分汇总

	清单主题内容	清单要点数量	评分		清单主题内容	清单要点数量	评分		清单主题内容	清单要点数量	评分
主班老师	1. 接待时状态与姿势。	4	4	配班老师	1. 协助主班老师完成早间接待。	1	1	生活老师	1. 指导孩子更换衣服和室内鞋。	3	3
	2. 和孩子打招呼。	2	2		2. 协助生活老师指导孩子更换衣服和室内鞋。	3	3		2. 整理鞋柜和衣柜。	2	2
	3. 晨检。	5	5		3. 插卡或粘贴入园标识。	2	2		3. 整理及保持班级卫生。	1	1

续表

	清单主题内容	清单要点数量	评分		清单主题内容	清单要点数量	评分		清单主题内容	清单要点数量	评分
主班老师	4. 与家长沟通时的站位。	4	4	配班老师	4. 负责区域自由活动。	5	5	生活老师	4. 餐具准备。	2	2
	5. 引导孩子进入下一个环节。	4	4		5. 收玩具。	5	5				
	6. 收玩具。	4	4								
	小计（6）	23	23		小计（5）	16	16		小计（4）	8	8

表 2–8 早间接待及区域自由活动环节教师清单要点与督导要点

环节与主题	教师岗位	清单要点		督导要点	评分
早间接待及区域自由活动环节	主班老师共计（23分）	1. 接待时状态与姿势。（4分）	（1）在托幼机构的门口两侧或教室门口面向孩子入园的方向等待孩子入园。	（1）按时等待孩子入园，站位合理。	1
			（2）精神饱满，面带微笑。	（2）仪表仪态符合要求。	1
			（3）当和孩子的距离在 1~1.5 米的时候要蹲下来。	（3）蹲下来时距离适当。	1
			（4）如果在教室门口接待孩子，就要侧身站在门口，用余光关注教室内的孩子。	（4）站在教室门口，一脚在门外一脚在门里，接待的同时关注教室内孩子的情况。	1
		2. 和孩子打招呼。（2分）	（1）使用温和的语气语调，声音不要太大，孩子能听到就可以。	（1）语气语调温和，声音适中。	1
			（2）叫孩子的大名，让孩子感受到自己的重要性。	（2）叫孩子的大名。	1
		3. 晨检。（5分）	（1）一摸：感受孩子的体表温度。	（1）有动作。	1
			（2）二看：观察孩子的精神状态、面色等。	（2）有动作。	1

续表

环节与主题	教师岗位	清单要点		督导要点	评分
早间接待及区域自由活动环节	主班老师共计（23分）	3. 晨检。（5分）	（3）三查：检查孩子手里或口袋里是否有不安全的物品等。	（3）有动作。	1
			（4）四问：询问孩子的一般情况如饮食、睡眠、大小便等。	（4）有动作。	1
			（5）晨检发现异常情况要有记录，并按照要求处理。	（5）异常情况有记录及处理方案。	1
		4. 与家长沟通时的站位。（4分）	（1）引导孩子按照他们自己的方式和家长再见。	（1）有引导。	1
			（2）和家长沟通的时间控制在1分钟左右。如有特殊情况，需安排时间单独沟通，不要占用这个阶段的时间。	（2）和家长沟通的时间控制在1分钟左右。	1
			（3）站位：如果在教室门口接待孩子，就要侧身站在门口，用余光关注教室内的孩子。	（3）站位符合要求，并关注教室内的孩子。	1
			（4）使用积极正向的语言和家长沟通，不要给家长制造焦虑。	（4）积极与家长沟通，方式得到家长认可。	1
		5. 引导孩子进入下一个环节。（4分）	（1）引导孩子到指定的地方换衣服和室内鞋，由配班老师或生活老师负责接下来的流程。	（1）使用引导式语言，与配班老师或生活老师有交流（语言或眼神等）。	1
			（2）不催促孩子，但需要进行有效的提醒，如还有1分钟就要插卡了。	（2）使用有效的语言进行提醒。	1
			（3）引导孩子选择清晰的插卡或粘贴方式，方便所有老师了解孩子的状态，如绿色卡片代表健康状态，黄色代表多喝水，红色代表需要服药。	（3）插卡或粘贴方式清晰，询问所有老师时，其回复的信息一致。	1
			（4）插卡后允许早到的孩子选择喜欢的开放区域自由活动。	（4）开放区域允许孩子自由活动。	1

续表

环节与主题	教师岗位	清单要点		督导要点	评分
早间接待及区域自由活动环节	主班老师（共计23分）	6. 收玩具。（4分）	（1）有效提示时间节点：分别是距离结束前5分钟时一次、3分钟时一次、1分钟时1次。	（1）表达清晰准确。	1
			（2）有效提示四要素：平静、慢、清晰、重复，并确认所有的孩子和其他老师都能听到。	（2）语言表达清晰，引起孩子和其他老师的关注。	1
			（3）关注其他老师和班级所有的孩子，同时走进一个活动区域，再次提醒，必要时给予帮助。	（3）关注其他老师和所有的孩子，有提醒。	1
			（4）关注收完玩具的孩子，同时提醒配班老师关注没有听到提示正在玩玩具的孩子。	（4）所有老师配合默契，有共同目标。	1
	配班老师（共计16分）	1. 协助主班老师完成早间接待。（1分）	协助主班老师完成早间接待。	岗位职责清晰，执行到位。	1
		2. 协助生活老师指导孩子更换衣服和室内鞋。（3分）	（1）协助生活老师引导孩子在指定的地方更换衣服和室内鞋。	（1）协助生活老师的工作。	1
			（2）在孩子需要时给予协助，但不能替代。	（2）协助方式合理，对孩子无干扰。	1
			（3）对动作慢的孩子不催促，但需要进行有效的提醒，如还有1分钟就要插卡了。	（3）耐心等待，有提醒，语气语调温和。	1
		3. 插卡或粘贴入园标识。（2分）	（1）引导孩子插卡或粘贴入园标识，如绿色卡片代表健康状态，黄色代表需多喝水，红色代表需要服药。	（1）孩子的插卡或粘贴正确。	1
			（2）引导孩子正确插卡，以便所有老师都了解孩子的情况。	（2）卡片放在或粘贴在自己的名字或照片处，准确无误。	1

续表

环节与主题	教师岗位	清单要点		督导要点	评分
早间接待及区域自由活动环节	配班老师（共计16分）	4. 负责区域自由活动。（5分）	（1）引导早到的孩子选择喜欢的开放区域自由活动。	（1）允许早到的孩子在开放区域自由活动。	1
			（2）每个活动区域最多容纳 4~5 个孩子。	（2）引导得当，空间不拥挤。	1
			（3）引导孩子阅读区域规则。	（3）引导方式得当。	1
			（4）允许孩子按照自己的方式玩。	（4）做到关注但不打扰。	1
			（5）同时关注陆续到园的孩子。	（5）做到关注所有的孩子。	1
		接待晚到的孩子。	（1）接待晚到的孩子，不催促，不说教。	（1）正常接待晚到的孩子。	
			（2）引导孩子按照要求完成入园流程。	（2）耐心引导孩子。	
		5. 收玩具。（5分）	（1）重复主班老师的语言，提示自由区域的孩子。	（1）关注主班老师的提醒信息。	1
			（2）如果有孩子没有听到，需要走近孩子，重复刚才的内容。	（2）走进孩子，轻声提醒。	1
			（3）不能大声喊叫孩子。	（3）不大声喊叫和训斥孩子。	1
			（4）协助孩子把玩具归位。	（4）适当协助，确认玩具归位。	1
			（5）继续提醒正在玩玩具的孩子，可允许继续玩 3~5 分钟（根据情况确定时长），引导进行下一个活动。	（5）有效提醒，方法得当，并引导进行下一个活动。	1

续表

环节与主题	教师岗位	清单要点		督导要点	评分
早间接待及区域自由活动环节	生活老师（共计8分）	1. 指导更换衣服和室内鞋。（3分）	（1）协助孩子在指定的地方换衣服和室内鞋。	（1）做到协助，没有完全替代。	1
			（2）在孩子需要时给予协助，但不能替代。	（2）及时回应孩子的要求。	1
			（3）不催促，但需要进行有效的提醒，如还有1分钟就要插卡了。	（3）提醒方式得当，不催促。	1
		2. 整理鞋柜和衣柜。（2分）	（1）保持衣柜和鞋柜的物品整齐。	（1）随时整理，保持整齐整洁。	1
			（2）确认孩子的衣服都在自己的衣柜里。	（2）孩子的物品无误。	1
		3. 整理及保持班级卫生。（1分）	随时整理班级卫生，保持环境的清洁整齐。	保持环境的清洁整齐。	1
		做好晚到孩子的生活照顾。	做好晚到孩子的生活照顾。	关注晚到孩子的生活照顾。	
		4. 餐具准备。（2分）	（1）准备餐桌、餐具等，并保持清洁。	（1）餐桌、餐具到位，清洁。	1
			（2）确认餐具的数量。	（2）餐具的数量准确。	1

（三）早餐环节

早餐环节是托幼机构比较繁忙的环节，这个时间段既有到园的孩子开始吃饭，又有陆续来园的孩子需要接待，所以每个教师既要做好职责之内的事情 ，还要关注教师之间合作的事情。进餐环节是培养孩子良好的饮食习惯及自我管理能力的重要环节。吃饭也是家长最关心的话题，清单中的很多方法同样适用于家庭进餐环节。本环节从餐前准备、进餐时间及餐后整理三个方面为教师提供了清单要点（详见表 2-9、表 2-10）。本环节还渗透了食育的内容，如餐前分享、进餐常规礼仪等，需要教师在教学中思考这些看似简单的操作背后所蕴含的教育价值。

表 2-9　早餐环节教师清单要点与评分汇总

岗位	环节	清单主题内容	清单要点数量	评分	岗位	环节	清单主题内容	清单要点数量	评分	岗位	环节	清单主题内容	清单要点数量	评分
主班老师	餐前准备	1. 确认值日生。	3	3	配班老师	餐前准备	1. 配合主班老师工作。	1	1	生活老师	餐前准备	1. 配合配班老师工作。	1	1
		2. 微型课程。	2	2			2. 关注如厕与洗手的孩子。	2	2			2. 确认餐具和饭菜。	3	3
							3. 协助孩子穿罩衣。	1	1			3. 餐前分享。	2	2
	进餐时间	1. 常规指导。	2	2		进餐时间	1. 播放进餐音乐。	1	1		进餐时间	1. 分餐原则。	1	1
		2. 餐桌礼仪。	2	2			2. 协助常规培养。	2	2			2. 分餐站位。	1	1
		3. 关注需要协助的孩子。	4	4			3. 关注有需要的孩子。	2	2			3. 礼貌用语。	1	1
												4. 加餐过程。	2	2
	餐后整理	1. 椅子归位。	2	2		餐后整理	1. 协助归位。	2	2		餐后整理	1. 清洁餐桌、地面。	2	2
		2. 语言提示。	1	1			2. 饭后清洁。	1	1			2. 关注洗手和如厕的孩子。	1	1
		3. 微型课程。	1	1			3. 协助微型课程。	1	1			3. 送餐具。	1	1
	小计（8）		17	17		小计（9）		13	13		小计（10）		15	15

表 2-10　早餐环节教师清单要点与督导要点

环节与主题	教师岗位	清单要点		督导要点	评分
餐前准备	主班老师（共计5分）	1. 确认值日生。（3分）	（1）确认今天的值日生，挂值日生袖章或在衣服上粘贴标识，确保标识的安全性。	（1）有值日生，并有安全的和明显的标识。	1
			（2）根据孩子年龄让其承担力所能及的工作，如协助提醒、分餐或引领小朋友说微型课程等。	（2）值日生的任务符合其年龄特点。	1

续表

环节与主题	教师岗位	清单要点		督导要点	评分
餐前准备	主班老师（共计5分）	1. 确认值日生。（3分）	（3）和值日生一起组织使用微型课程，引领所有孩子围坐在餐桌边进行餐前分享环节。	（3）关注所有孩子围坐在餐桌边。	1
		2. 微型课程。（2分）	（1）分享活动的内容可以是手指谣、手偶游戏、儿歌等。不管是什么内容最好让孩子通过手的动作表达出来，目的就是保持双手清洁，不去触摸其他地方，以便进入早餐环节。	（1）通过微型课程保持孩子双手的清洁。	1
			（2）分享活动的内容如手指谣、儿歌等均应该写在教学计划里（不同年龄的内容和表现形式均不同）。	（2）教学计划里有记录，符合孩子的年龄特点。	1
	配班老师（共计4分）	1. 配合主班老师工作。（1分）	配合主班老师组织孩子一起参与活动。	协助主班老师灵活组织活动。	1
		2. 关注如厕与洗手的孩子。（2分）	（1）根据班级情况分组引导孩子如厕，按照标准方法洗手等。	（1）安全有序，洗手方法符合要求。	1
			（2）引领洗漱完毕的孩子坐到自己的位置上（交给主班老师负责），关注没有洗漱完毕的孩子。	（2）如厕与洗手的流程顺畅。	1
		3. 协助孩子穿罩衣。（1分）	协助有需要的孩子穿罩衣。	关注到有需要的孩子。	1
	生活老师（共计6分）	1. 配合配班老师工作。（1分）	配合配班老师引导孩子如厕，按照标准方法洗手等。	配合配班老师工作。	1
		2. 确认餐具和饭菜。（3分）	（1）再次确认餐具无油渍。	（1）餐具清洁。	1
			（2）生活老师穿清洁的分餐服、分餐帽并戴口罩，必要时戴一次性手套等。	（2）分餐服清洁、穿戴规范。	1
			（3）取餐并确认饭菜温度适宜，不会烫伤孩子。	（3）餐具放到规定位置，饭菜温度适宜。	1
		3. 餐前分享。（2分）	（1）等所有孩子都坐下后，和孩子分享当天的饭菜味道和颜色。	（1）分享过程中关注到所有的孩子。	1

续表

环节与主题	教师岗位	清单要点		督导要点	评分
餐前准备	生活老师（共计6分）	3.餐前分享。（2分）	（2）用提问的方式分享，如：小朋友，你知道今天的早饭都有什么吗？并给孩子展示部分的饭菜，引起孩子吃的兴趣，给孩子讲述他们能够理解的常识。	（2）语言简单、有趣、清晰，孩子能专注地听。	1
进餐时间	主班老师（共计8分）	1.常规指导。（2分）	（1）带领值日生进行分餐工作。	（1）值日生的任务符合年龄特点。	1
			（2）确认所有孩子都是安全的：坐姿稳定（椅子的边缘和餐桌边缘对齐，保证孩子吃饭时椅子的稳定），距离适当（避免孩子吃饭时碰撞，尤其注意左手吃饭的孩子）。	（2）坐姿稳定，距离适当。	1
		2.餐桌礼仪。（2分）	（1）讲解或示范餐桌礼仪： ①一手扶碗，一手拿勺或筷子。 ②小口吃饭，嘴对小碗。 ③用勺喝汤。 ④闭嘴嚼饭。 ⑤当嘴里有食物时，不要说话，等咽下去再说。 ⑥随时清洁嘴巴等。	（1）有讲解或示范餐桌礼仪。	1
			（2）引导孩子使用礼貌用语，如“谢谢”“请”等。	（2）示范使用礼貌用语。	1
		3. 关注需要协助的孩子。（4分）	（1）关注挑食、偏食或吃饭慢的孩子。不催促或说教，但需要提醒（引导孩子关注饭菜味道，而非讲道理）。	（1）不说教，引导方式正确。	1
			（2）对于不愿意自己吃饭的孩子，鼓励孩子自己吃饭，如有孩子需要喂饭，也需要先让孩子吃一部分，再开始喂。	（2）让孩子先吃，再喂。	1
			（3）提醒所有老师如无特殊情况要坐下来和孩子们在一起，这样他们才能安心安静地进餐。无特殊情况不要来回走动。	（3）老师坐下来安静地和孩子们在一起。	1
			（4）引导吃完饭的孩子进入下一个环节活动。	（4）对先吃完饭的孩子引导得当。	1

续表

环节与主题	教师岗位	清单要点		督导要点	评分
进餐时间	配班老师（共计5分）	1. 播放进餐音乐。（1分）	播放进餐音乐（舒缓的音乐），进餐音乐应该写进教学计划里。	进餐音乐写进教学计划。	1
		2. 协助常规培养。（2分）	（1）配合主班重复餐桌礼仪： ①一手扶碗，一手拿勺或筷子。 ②小口吃饭，嘴对小碗。 ③用勺喝汤。 ④闭嘴嚼饭。 ⑤当嘴里有食物时，不要说话，等咽下去再说。 ⑥随时清洁嘴巴等。	（1）有讲解或示范餐桌礼仪。	1
			（2）引导孩子使用礼貌用语，如“谢谢”“请”等。	（2）示范使用礼貌用语。	1
		3. 关注有需要的孩子。（2分）	（1）使用有效的方式，引导还在区域里活动的孩子坐到餐桌前进餐。	（1）引导方式合理有效（注意声音、语气、语调等）。	1
			（2）关注吃饭慢和没有吃完的孩子，给予协助和有效提示。	（2）协助和提示的方式符合要求。	1
	生活老师（共计5分）	1. 分餐原则。（1分）	分餐时掌握多次少量的原则。	分餐时能体现多次少量的原则。	1
		2. 分餐站位。（1分）	给孩子分餐时需要面对面，餐盘高度在孩子的视线以下。	站位合理，餐盘高度在孩子视线以下。	1
		3. 礼貌用语。（1分）	分餐过程中引导孩子使用“谢谢”“不客气”等礼貌用语。	示范使用礼貌用语。	1
		4. 加餐过程。（2分）	（1）分餐完毕后，关注需要加量的孩子。需要走进孩子，轻声问：“你还需要吗？”	（1）关注有需要的孩子，行为符合要求。	1
			（2）给小班孩子加餐时，需要把餐盘端到孩子面前添加（避免小班孩子过多走动），但餐盘一定要低于孩子视线，让孩子看到。中大班孩子可以自己加餐。	（2）不同班级的加餐方式有所不同。	1

续表

环节与主题	教师岗位	清单要点		督导要点	评分
餐后整理	主班老师（共计4分）	1.椅子归位。（2分）	（1）确认孩子吃完后，引导孩子把餐具放回指定地方。	（1）有引导，方式符合孩子的年龄特点。	1
			（2）给孩子示范把椅子放回原位，需轻拿轻放。	（2）正确示范。	1
		2.语言提示。（1分）	提示孩子洗手、漱口、如厕。	语言提示清晰。	1
		3.微型课程。（1分）	使用微型课程引导孩子进入下一个环节活动。	使用了微型课程。	1
	配班老师（共计4分）	1.协助归位。（2分）	（1）协助主班老师引导孩子把餐具放回指定地方。	（1)协助主班老师。	1
			（2）给孩子示范把椅子放回原位，需轻拿轻放。	（2）示范正确一致。	1
		2.饭后清洁。（1分）	站在卫生间门口引导孩子洗手、漱口、如厕。	站位合理。	1
		3.协助微型课程。（1分）	协助主班老师使用微型课程引导孩子进入下一个环节活动或协助生活老师工作（具体根据情况决定）。	协助工作灵活顺畅。	1
	生活老师（共计4分）	1.清洁餐桌、地面。（2分）	（1）孩子吃饭结束后，清理餐桌。	（1）按要求清理。	1
			（2）清理和保持地面清洁，及时清理垃圾。	（2）保持清洁。	1
		2.关注洗手和如厕的孩子。（1分）	关注正在洗手、如厕的孩子。	关注孩子，回应及时。	1
		3.送餐具。（1分）	把所有餐具送回厨房。	餐后环境清洁卫生。	1

（四）早间分享环节

早间分享类似班级的晨会，由主班老师带领孩子们分享当天的活动安排，一方面让孩子对一天的生活有所期待，另一方面也让孩子过有计划、有规律的生活，让孩子感觉一天的生活在自己的掌控之中。当孩子能够预知一日生活中将会发生什么的时候，焦虑感会减少，孩子也愿意与他人合作，因为孩子们喜欢过稳定有序的生活。本环节从分享准备、分享过程两个方面，为教师提供了清单要点（详见表 2-11、表 2-12）。

表 2-11 早间分享环节教师清单要点与评分汇总

	清单主题内容		清单要点数量	评分		清单主题内容		清单要点数量	评分		清单主题内容		清单要点数量	评分
主班老师	分享准备	1. 检查地点与空间。	2	2	配班老师	分享准备	1. 搬椅子到指定地点。	1	1	生活老师	分享准备	1. 有效提醒。	1	1
		2. 准备椅子。	2	2			2. 保证安全。	1	1			2. 保持清洁。	1	1
	分享过程	1. 站位。	1	1		分享过程	1. 协助主班老师。	1	1		分享过程	1. 协助主班老师。	1	1
		2. 使用微型课程。	1	1			2. 关注没有分享的孩子。	2	2			2. 关注没有分享的孩子。	1	1
		3. 关注所有孩子。	2	2			3. 蹲下来。	2	2			3. 保持清洁。	1	1
		4. 分享内容。	3	3			4. 关注有需要的孩子。	2	2			4. 参与分享。	2	2
												5. 其他工作安排。	1	1
	小计（6）		11	11		小计（6）		9	9		小计（7）		8	8

表 2-12 早间分享环节教师清单要点与督导要点

环节与主题	教师岗位	清单要点		督导要点	评分
分享准备	主班老师（共计4分）	1. 检查地点与空间。（2分）	（1）选择宽敞的相对固定的位置，避免拥挤。	（1）活动空间安全宽敞，孩子之间距离得当。	1
			（2）空间的大小应便于老师看到所有的孩子。	（2）老师坐位合理，方便所有的孩子看到老师。	1

续表

环节与主题	教师岗位	清单要点		督导要点	评分
分享准备	主班老师（共计4分）	2.准备椅子。（2分）	（1）引导孩子把椅子放到指定位置（如需要坐椅子，直接搬到分享位置）。	（1）正确引导，表达清晰。	1
			（2）确认分享需要的教具在随手可以拿到的地方。	（2）教具到位。	1
	配班老师（共计2分）	1.搬椅子到指定地点。（1分）	引导吃完饭的孩子将椅子放在指定位置（按照主班老师要求去做）。	主动引导，必要时协助。	1
		2.保证安全。（1分）	保障孩子搬椅子过程中的安全，做到不催促，避免拥挤。	搬椅子过程安全有序。但尽量避免搬动，确保安全。	1
	生活老师（共计2分）	1.有效提醒。（1分）	关注没有吃完饭的孩子，给予有效提醒。	有效提醒，不催促。	1
		2.保持清理。（1分）	保持桌面、地面清洁卫生。	做到及时清理。	1
分享过程	主班老师（7分）	1.站位。（1分）	主班老师首先站在分享的地方，给孩子清晰的标识。	站位正确。	1
		2.使用微型课程。（1分）	使用微型课程或者音乐引导孩子参与分享。	使用微型课程，信息清晰。	1
		3.关注所有孩子。（2分）	（1）引导孩子拿地垫或坐在椅子上，老师要看到每个孩子。	（1）老师和孩子围成圆圈坐在一起，老师能看到每一个孩子。	1
			（2）把刚入园或有特别需要的孩子安排在主班或配班老师的身边，以便及时给予帮助。	（2）对焦虑、好动、容易哭闹的孩子，做到随时安抚。	1
分享过程	主班老师（7分）	4.分享内容。（3分）	（1）分享时应该完成的任务： ①打招呼。 ②点数今天到园的孩子。 ③和孩子一起观察天气、当天的日历等。 ④介绍开放区域。 ⑤介绍半天或一天的活动流程。	（1）分享内容全面、清晰。	1

续表

环节与主题	教师岗位	清单要点		督导要点	评分
分享过程	主班老师（7分）	4.分享内容。（3分）	（2）对于没有到园的孩子需记录请假的原因。	（2）有记录。	1
			（3）分享内容写进教学计划。	（3）分享内容在教学计划里。	1
	配班老师（共计7分）	1. 协助主班老师。（1分）	（1）协助主班老师一起使用微型课程，并引导孩子到分享的位置。	（1）使用微型课程。	1
			（2）关注主班老师需要的支持，如展示教具或其他。	（2）随时协助，配合默契。	
		2. 关注没有分享的孩子。（2分）	（1） 关注没有参与分享的孩子，如还没有吃完饭的孩子。	（1）做到用眼神或动作随时关注。	1
			（2）注意引导没有分享的孩子加入活动的方式，如轻声引导孩子观察正在分享的孩子在做什么。禁止说教及强拉孩子加入分享。	（2）引导方式温和，没有强迫。	1
		3. 蹲下来。（2分）	（1）当所有孩子都参与分享时，也要和孩子坐在一起或者蹲下来。	（1）参与分享时坐下来或蹲下来。	1
			（2）保持警觉状态，观察所有孩子的需要。	（2）做到随时关注。	1
		4. 关注有需要的孩子。（2分）	（1）随时关注有特别需要的孩子，保证分享活动顺利进行。	（1）有安抚动作。	1
			（2）如有孩子影响活动进行，需要把孩子引领到安静的地方告诉孩子应该做什么，而不是说孩子不应该做什么。	（2）及时处理，方法合理。	1
	生活老师（共计6分）	1. 协助主班老师。（1分）	协助主班老师一起说微型课程，并引导到分享的位置。	使用微型课程，随时关注所有孩子。	1
		2. 关注没有分享的孩子。（1分）	关注没有参与分享的孩子，如还没有吃完饭或正在其他地方的孩子。（合理引导，不强迫）	关注但不强迫。	1

续表

环节与主题	教师岗位	清单要点		督导要点	评分
		3.保持清洁。（1分）	保持桌面和地面的卫生。	做到随时清理。	1
分享过程	生活老师（共计6分）	4.参与分享。（2分）	（1）所有孩子吃完饭，餐后清理结束后，可参与到分享活动中去。	（1）一切工作结束后，参与分享活动。	1
			（2）参与分享时一定坐下来或者蹲下来。	（2）和孩子在一起时，是坐下来或蹲下来的。	1
		5.其他工作安排。（1分）	如分享时不需要协助，可以根据需要安排自己的其他日常工作。	合理安排自己工作。	1
说明		早间分享环节的意义： 1.让孩子感受一天活动开始的仪式感，对幼儿园的生活有很好的期待。 2.分享时可使用道具或其他辅助教具。要注意肢体语言要丰富，以吸引孩子更多的关注。 3.分享的目的是让孩子过有计划的生活，内容包括： ①日期和天气等。 ②孩子自己看到的或感受到的。 ③当天的主要活动。 ④必要时展示部分的活动。 ⑤允许孩子说出自己的想法，教师要接纳孩子的说法，可以有小小的讨论。			

（五）过渡环节与户外活动环节

孩子要从室内到室外参加户外活动，有的班级需要上下楼梯，如果班级比较多则需要排队等待或者错开时间，以避免拥挤。户外活动环节也是容易发生意外的环节，因此需要班级所有教师合作。本环节从过渡环节与户外活动环节两方面结合教师的岗位职责提供清单要点（详见表2-13、表2-14）。过渡环节的组织和站位要确保孩子行走中的安全、有序；户外活动时的组织和站位要保证所有的孩子都在视线范围之内。需要说明的是，教师的站位并不是要求一直站在那里不动，而是站在可能存在危险的地方或者距离孩子比较近的地方，确保孩子有危险时以最快的速度进行救助，因此教师的站位应根据现场情况而定，教师需要灵活反应等。

说明：托幼机构应该在上午、下午各安排不少于1小时的户外活动。

表 2-13 过渡环节与户外活动环节教师清单要点与评分汇总

岗位	环节	清单主题内容	清单要点数量	评分	岗位	环节	清单主题内容	清单要点数量	评分	岗位	环节	清单主题内容	清单要点数量	评分
主班老师	过渡环节	1. 排队与站位。	4	4	配班老师	过渡环节	1. 关注盥洗中的孩子。	3	3	生活老师	过渡环节	1. 准备水和水杯。	1	1
		2. 有效提示。	1	1			2. 有效提醒与组织。	3	3			2. 站位。	1	1
		3. 组织与合作。	4	4			3. 安全站位。	2	2			3. 灵活安排。	1	1
		4. 安全防护。	1	1			4. 携带教具。	1	1					
	户外活动环节	1. 场地及玩教具安全。	2	2		户外活动环节	1. 协助主班老师。	2	2		户外活动环节	1. 协助主班老师。	1	1
		2. 讲述规则。	1	1			2. 安全意识。	2	2			2. 关注孩子。	3	3
		3. 组织老师站位。	2	2			3. 活动结束。	2	2			3. 活动结束。	3	3
		4. 班级合作。	1	1										
		5. 活动形式。	2	2										
		6. 清点人数。	1	1										
		7. 活动结束。	2	2										
	小计（11）		21	21		小计（7）		15	15		小计（6）		10	10

表 2-14 过渡环节与户外活动环节教师清单要点与督导要点

环节与主题	教师岗位	清单要点		督导要点	评分
过渡环节（户外活动前的准备）	主班老师（共计 10 分）	1. 排队与站位。（4 分）	（1）关注所有孩子的喝水情况，使用微型课程引导喝完水的孩子排队去如厕、盥洗。	（1）使用微型课程。	1
			（2）卫生间的站位：主班老师在门口关注所有孩子，配班老师在卫生间里面关注正在如厕或洗漱的孩子。	（2）站位合理。	1

续表

环节与主题	教师岗位	清单要点		督导要点	评分
过渡环节（户外活动前的准备）	主班老师（共计10分）	1. 排队与站位。（4分）	（3）更换室外鞋的站位：主班老师站在更换室外鞋的地方，面向孩子，让孩子清晰地知道自己要去哪里。	（3）站位合理。	1
			（4）去户外活动时，在走廊或楼梯上的站位：2位老师站位——主班老师在队列前面，配班老师在队列后面，保证所有的孩子均在教师的视线范围之内。 3位老师站位——队列前面、中间和队尾分别站一人，并要保证走路和上下楼梯的速度均匀。掌控好孩子排队时的距离，避免拥挤和摔倒。	（4）老师站位准确，组织流程顺畅，所有的孩子均在老师视线范围之内。	1
		2. 有效提示。（1分）	根据孩子情况决定是2次还是3次，提示孩子到更换室外鞋和衣服的区域，提示时语速要慢、语言清晰，必要时重复。	有效提示，关注到所有的孩子。	1
		3. 组织与合作。（4分）	（1）引导和协助孩子更换衣服和鞋子，并关注陆续过来的孩子。	（1）关注所有的孩子，有动作。	1
			（2）用眼神和动作提示配班老师和生活老师引导孩子排队。	（2）合作默契，有交流。	1
			（3）确认有1~2个孩子换好鞋子后，使用微型课程吸引其他孩子排队。	（3）引导时机得当，利用微型课程，引导有序。	1
			（4）点数排队的孩子，同时关注班级所有的孩子。	（4）确认孩子的数量。	1
		4. 安全防护。（1分）	如果夏季怕蚊虫叮咬，适当为孩子做防护，如穿长袖衣服或适当涂抹防叮咬乳液等（注意过敏的孩子不能使用）。	给每个孩子做好季节防护。	1

续表

环节与主题	教师岗位	清单要点		督导要点	评分
过渡环节（户外活动前的准备）	配班老师（共计9分）	1. 关注盥洗中的孩子。（3分）	（1）配合主班老师的指令，引导孩子去卫生间如厕、洗手等。	（1）有序组织孩子盥洗。	1
			（2）关注在卫生间的孩子的安全和需要。	（2）关注孩子安全，灵活指导和协助。	1
			（3）关注陆续进入卫生间的孩子，并提醒孩子如厕和洗手后更换鞋子和衣服。	（3）孩子出入有序，引导语清晰。	1
		2. 有效提醒与组织。（3分）	（1）配合主班老师进行有效提示3次或2次，有效提示时语速要慢、语言清晰，必要时重复。	（1）提示清晰有效，时间间隔得当。	1
			（2）协助需要帮助的孩子更换室外鞋子和衣服。	（2）做到了协助而不是替代。	1
			（3）配合主班老师一起说微型课程，并清点和确认孩子的数量。	（3）清点孩子的数量。	1
		3. 安全站位。（2分）	（1）等所有孩子都过来后，站在队尾，确保所有孩子都在老师的视线范围之内。	（1）合理站位。	1
			（2）协助主班老师，保证站位准确。2人时配班老师在队尾，保证所有的孩子均在视线范围之内。	（2）站位准确，所有孩子均在视线范围之内。	1
		4. 携带教具。（1分）	根据活动需要适当携带户外的玩教具。	携带需要的玩教具。	1
	生活老师（共计3分）	1. 准备水和水杯。（1分）	准备好孩子户外活动回来时喝的水和水杯，确认水温适宜。	饮用水和水杯准备到位。	1
		2. 站位。（1分）	整理完教室内的物品，可跟随班级一起进行户外活动。主动和配班老师协调站位，如在队尾或队列的中间。	主动协调站位，确保孩子行走中的安全。	1
		3. 灵活安排。（1分）	可以安排自己的工作。如无其他工作，可协助户外活动。	合理安排自己工作。	1

续表

环节与主题	教师岗位	清单要点		督导要点	评分
户外活动环节（活动现场及结束）	主班老师（11分）	1. 场地及玩教具安全。（2分）	（1）确认户外活动场地的安全及玩教具的完好，以确保孩子的安全。	（1）有检查确认。	1
			（2）如不安全则禁止孩子使用，并及时上报。	（2）及时上报不安全因素。	1
		2. 讲述规则。（1分）	清晰准确地给孩子讲述简单的可以遵守的户外活动规则。	活动规则简单易行，适合孩子。	1
		3. 组织老师站位。（2分）	（1）按照活动要求安排老师站位。关注所有老师站位是否合理，并保证所有的孩子均在视线范围之内。	（1）老师站位合理，所有孩子均在视线范围之内。	1
			（2）可能有危险的玩具旁边必须有老师站位，并引导孩子遵守秩序。老师站位要灵活互助。	（2）老师站位合理，并关注到其他区域的孩子。	1
		4. 班级合作。（1分）	虽有站位要求，但教师之间要灵活互助。保证所有孩子都在视线范围之内。	配合默契。	1
		5. 活动形式。（2分）	（1）集体游戏和自由活动相结合。	（1）尊重孩子的选择，做到不强迫。	1
			（2）尊重孩子兴趣，不能以安全为由限制孩子的活动。	（2）保证安全，无限制行为。	1
		6. 清点人数。（1分）	活动中要随时清点孩子的人数。	随时清点人数。	1
		7. 活动结束。（2分）	（1）活动结束时使用有效提示，根据孩子的活动情况及时间决定是3次还是2次，提示信息明确、语言简单。	（1）有效提示简单清晰、时间合理。	1
			（2）使用微型课程吸引孩子排队，并清点班级人数。	（2）微型课程使用得当，及时清点班级人数。	1

续表

<table>
<tr><th>环节与主题</th><th>教师岗位</th><th colspan="2">清单要点</th><th>督导要点</th><th>评分</th></tr>
<tr><td rowspan="13">户外活动环节（活动现场及结束）</td><td rowspan="6">配班老师（6分）</td><td rowspan="2">1. 协助主班老师。（2分）</td><td>（1）协助主班老师确认环境安全，同时确认所有孩子均在视线范围之内。</td><td>（1）协助主班老师，关注所有孩子。</td><td>1</td></tr>
<tr><td>（2）配合主班老师组织活动，站在一个指定区域里观察孩子活动。</td><td>（2）站位准确，同时关注其他老师的站位，并根据孩子情况随时移动。</td><td>1</td></tr>
<tr><td rowspan="2">2. 安全意识。（2分）</td><td>（1）活动过程中随时清点班级人数。</td><td>（1）随时清点班级人数。</td><td>1</td></tr>
<tr><td>（2）关注可能有危险的玩具，如滑梯、秋千等。</td><td>（2）始终保持高度警觉状态。</td><td>1</td></tr>
<tr><td rowspan="2">3. 活动结束。（2分）</td><td>（1）使用有效提示，根据孩子活动情况及时间决定是3次还是2次，提示信息明确、语言简单。</td><td>（1）有效提示简单清晰、时间合理。</td><td>1</td></tr>
<tr><td>（2）协助主班老师使用微型课程吸引孩子排队，并清点班级人数。</td><td>（2）站位准确，清点人数。</td><td>1</td></tr>
<tr><td rowspan="7">生活老师（7分）</td><td>1. 协助主班老师。（1分）</td><td>协助主班老师确认安全。</td><td>确认安全。</td><td>1</td></tr>
<tr><td rowspan="3">2. 关注孩子。（3分）</td><td>（1）户外活动时生活老师是移动的，要及时引导孩子小便，及时帮助需要帮助的孩子。</td><td>（1）现场灵活，及时关注有需要的孩子。</td><td>1</td></tr>
<tr><td>（2）关注场地中不愿意活动或来回走动的孩子，并及时给予引导和帮助。</td><td>（2）正确引导，不强迫。</td><td>1</td></tr>
<tr><td>（3）活动现场随时清点人数。</td><td>（3）清点人数。</td><td>1</td></tr>
<tr><td>3. 活动结束。（3分）</td><td>（1）使用有效提示，根据孩子的活动情况及时间决定是3次还是2次，提示信息明确、语言简单。</td><td>（1）有效提示简单清晰、时间合理。</td><td>1</td></tr>
</table>

续表

环节与主题	教师岗位	清单要点		督导要点	评分
户外活动环节（活动现场及结束）	生活老师（7分）	3. 活动结束。（3分）	（2）协助主班老师使用微型课程吸引孩子排队，并清点班级人数。	（2）站位准确，清点班级人数。	1
			（3）协助主班老师按照队列站位组织孩子回教室。	（3）站位准确，和班级老师一起组织孩子回教室。	1

（六）间点与饮水环节

间点与饮水环节是培养孩子卫生习惯和饮水习惯的关键环节。本环节主班老师通过微型课程组织孩子等待，配班老师对洗漱中和洗漱完毕的孩子进行引导和管理，生活老师给孩子分间点和饮水。生活老师要特别注意自己的位置，避免孩子过多走动，注意水的温度要适宜，给孩子添加水时要遵守少量多次的原则等（详见表 2-15、表 2-16）。虽然每个老师的岗位清单要点不同，但需要共同关注孩子在这个环节的安全，尤其要引导孩子在喝水和吃东西时坐下来。

说明：托幼机构在上午和下午都有间点与饮水环节，上午和下午的间点与饮水环节清单要点基本相同，因此下午的不再重复说明。

表 2-15　间点与饮水环节教师清单要点与评分汇总

	清单主题内容	清单要点数量	评分		清单主题内容	清单要点数量	评分		清单主题内容	清单要点数量	评分
主班老师	1. 使用微型课程。	3	3	配班老师	1. 协助与引导。	2	2	生活老师	1. 穿戴分餐服。	1	1
	2. 安静陪伴。	1	1		2. 关注与引导。	2	2		2. 用餐准备。	1	1
	3. 关注孩子加餐。	2	2		3. 引导餐毕的孩子。	1	1		3. 值日生分餐与站位。	3	3
	4. 微型课程组织。	1	1						4. 倒水与整理。	2	2
	小计（4）	7	7		小计（3）	5	5		小计（4）	7	7

表 2-16 间点与饮水环节教师清单要点与督导要点

环节与主题	教师岗位	清单要点		督导要点	评分
间点与饮水环节	主班老师（共7分）	1. 使用微型课程。（3分）	（1）使用微型课程引导孩子排队，并有秩序地如厕及洗手。	（1）微型课程引导，安全有序。	1
			（2）引导洗完手的孩子有秩序地坐到餐桌前，引导孩子做微型课程（手指谣方便孩子控制双手），安静下来。	（2）孩子有秩序地坐到餐桌前，说微型课程。	1
			（3）取水：小班孩子在座位上等待老师倒水，中、大班孩子自行取水，但老师要关注秩序，避免碰撞。	（3）老师关注秩序，不同年龄要求不同。	1
		2. 安静陪伴。（1分）	孩子坐下后，教师不要来回走动，以免影响孩子的专注力。如无特殊情况，教师需要坐下来，这样孩子才能安心安静地喝水、吃间点。	老师坐下来，关注所有的孩子。	1
		3. 关注孩子加餐。（2分）	（1）关注吃得慢和喝水慢的孩子，不要催促孩子快喝，防止孩子呛咳。尊重孩子的需要，也不要强迫孩子一定喝够量，但需要引导。	（1）不催促孩子快喝。有引导，但不强迫。	1
			（2）引导孩子把用完的加餐盘和水杯放回原来的地方。	（2）引导与协助，不替代。	1
		4. 微型课程组织。（1分）	使用微型课程，组织大部分餐毕的孩子准备进入下一个环节。	使用微型课程，过渡有序。	1
	配班老师（共5分）	1. 协助与引导。（2分）	（1）协助孩子排队如厕、洗手。保证孩子的安全。	（1）协助孩子，关注孩子的安全。	1
			（2）按顺序引导孩子坐到餐桌旁，等待分餐和喝水。	（2）按顺序引导，过程顺畅。	1
		2. 关注与引导。（2分）	（1）关注每个孩子加餐与喝水的情况。	（1）关注需要帮助的孩子。	1
			（2）引导孩子把用完的加餐盘和水杯放回原来的地方。	（2）引导有序，协助不替代。	1

续表

环节与主题	教师岗位	清单要点		督导要点	评分
间点与饮水环节	配班老师（共5分）	3. 引导餐毕的孩子。（1分）	引导餐毕孩子随主班老师进入下一个环节。	及时引导，指令清晰。	1
	生活老师（共7分）	1. 穿戴分餐服。（1分）	穿分餐服，戴口罩、帽子，必要时戴手套。	着装整齐，符合要求。	1
		2. 用餐准备。（1分）	准备间点、分餐夹和饮用水，水温适宜。准备间点盘子和水杯，保证每人一个。	所有物品准备到位。	1
		3. 值日生分餐与站位。（3分）	（1）邀请值日生分间点。	（1）值日生参与。	1
			（2）面对面地和孩子进行分餐。	（2）站位合理。	1
			（3）协助需要穿防水衣的孩子（托班或小班）。	（3）协助需要帮助的孩子。	1
		4. 倒水与整理。（2分）	（1）倒水时要少量多次。杯子的水不要超过三分之二。（小班孩子坐在桌前等待，中、大班孩子可自行加水）	（1）少量多次，不同年龄要求不同。	1
			（2）喝水完毕后清理餐桌与地面卫生。	（2）及时清理，保持卫生。	1

（七）区域活动环节

区域活动是孩子们特别喜欢的活动。区域活动设置需符合教学的要求，本环节为教师提供了区域标准清单和活动过程清单（详见表 2-17、表 2-18）。其中，区域标准清单要点是教师区域设计的重要参考，在使用时可以根据具体的活动内容做调整。活动过程的组织和实施要以主班老师为主导，配班老师和生活老师是协助者，但执行过程中对同一件事情三位教师关注的核心是相同的，这也体现了清单所强调的教师行为的一致性。另外在区域活动中观察记录需要客观真实，一次观察到的现象不能作为评价标准，更不能给孩子贴标签，不管是积极的或消极的都不允许，这也是教师职业素养的要求。

说明：一般托幼机构上午和下午会分别设计区域活动，下午的区域活动和上午的区域活动清单要点相同，不再重复列出。

表 2-17　区域活动环节教师清单要点与评分汇总

岗位	类别	清单主题内容	清单要点数量	评分	岗位	类别	清单主题内容	清单要点数量	评分	岗位	类别	清单主题内容	清单要点数量	评分
主班老师	区域标准	1. 区域确认。	3	3	配班老师	区域标准	1. 环境准备。	3	3	生活老师	区域标准	1. 环境准备。	1	1
		2. 材料丰富，定期更新。	2	2			2. 玩教具准备。	2	2			2. 玩具准备。	1	1
		3. 区域规则。	3	3			3. 定期检查。	1	1					
	活动过程	1. 区域活动的要求。	4	4		活动过程	1. 协助主班老师。	2	2		活动过程	1. 参与区域活动。	1	1
		2. 观察活动过程。	3	3			2. 观察活动过程。	3	3			2. 关注有需求的孩子。	1	1
		3. 关注孩子活动时的状态。	3	3			3. 关注孩子活动时的状态。	3	3			3. 关注孩子活动时的状态。	3	3
		4. 关注先完成的孩子。	1	1			4. 关注先完成的孩子。	2	2			4. 关注先完成的孩子。	1	1
		5. 有效提示。	1	1			5. 有效提示。	1	1			5. 有效提示。	1	1
												6. 结束后整理。	1	1
	小计（8）		20	20		小计（8）		17	17		小计（8）		10	10

表 2-18　区域活动环节教师清单要点与督导要点

环节与主题	教师岗位	清单要点		督导要点	评分
区域标准	主班老师（共计8分）	1. 区域确认。（3分）	（1）区域数量5~8个，包括：阅读角、益智区、美工区、娃娃家、植物角、建构区、表演区等。	（1）有5~8个活动区域。	1
			（2）每个区域的空间最好能容纳4~5个孩子。	（2）区域空间大小符合要求。	1
			（3）每个区域4~8个玩具筐，方便孩子把玩具归位。	（3）玩具筐数量符合要求。	1

续表

环节与主题	教师岗位	清单要点		督导要点	评分
区域标准	主班老师（共计8分）	2. 材料丰富，定期更新。（2分）	（1）保证每个孩子有自己的玩具筐，防止孩子争抢玩具。	（1)玩具筐数量充足，满足孩子的需要。	1
			（2）根据教学计划，更新其中的部分玩具，至少每个月更新一次。	（2）按教学计划更新玩具。	1
		3. 区域规则。（3分）	（1）所有区域均注明名称，如娃娃家、美工区、建构区等。	（1）所有区域名称清晰，方便孩子看到。	1
			（2）每个区域均有区域规则：简单清晰，孩子能理解且可以做到。可以使用图画展示规则，方便孩子理解。	（2）区域规则清晰，适合孩子年龄。	1
			（3）区域规则张贴在孩子可以看到的地方。	（3）规则张贴在醒目位置。	1
	配班老师（共计6分）	1. 环境准备。（3分）	（1）协助主班老师完成环境准备，并确认区域的数量为5~8个。	（1）协助主班老师确认区域的数量。	1
			（2）每个区域最好能容纳4~5个孩子。	（2）区域空间大小合理。	1
			（3）每个区域4~8个玩具筐，方便孩子把玩具归位。	（3）玩具均在玩具筐里。	1
		2. 玩教具准备。（2分）	（1）根据教学计划准备玩教具，保证数量足够。	（1）玩教具符合教学计划。	1
			（2)根据教学计划定期更新玩具。	（2）玩具更新符合教学计划。	1
		3. 定期检查。（1分）	定期检查玩具柜、玩具筐及玩具的完整性，清理破损的玩具。	无破损的玩具，检查有记录。	1
	生活老师（共计2分）	1. 环境准备。（1分）	协助主班老师和配班老师完成环境准备及教具准备。	主动协助主班工作。	1
		2. 玩具准备。（1分）	按照要求对玩具及玩具柜、玩具筐消毒清洁（每周一次），并有记录。	定期消毒清洁，有记录。	1

续表

环节与主题	教师岗位	清单要点		督导要点	评分
活动过程	主班老师（共计12分）	1. 区域活动的要求。（4分）	（1）引导孩子关注区域的名称及规则。	（1）引导方式得当，孩子能理解。	1
			（2）每个孩子都有适宜的玩具，保证孩子之间不互相干扰。	（2）玩具适合，孩子专注。	1
			（3）尽量引导每个孩子在一周内体验到所有的区域活动，但不强迫。	（3）做到引导但不强迫。	1
			（4）主班老师负责给配班老师和生活老师分配负责指导的区域，每个老师可以负责2~3个区域。	（4）班级老师配合默契。	1
		2. 观察活动过程。（3分）	（1）教师应该按照要求记录孩子的活动经过，以便及时调整活动方案。每个孩子有1份观察记录。	（1）每个孩子1份观察记录。	1
			（2）允许孩子重复和自我纠正，允许孩子按照自己的方式玩。	（2）允许孩子按照自己的方式玩。	1
			（3）当孩子专注于自己的活动，没有求助时，只要孩子是安全的就不要打扰孩子。	（3）不打扰专注的孩子。	1
		3. 关注孩子活动时的状态。（3分）	（1）如果孩子不喜欢现在的活动，允许孩子进入其他活动区域做自己喜欢的活动或相互交换，但要引导孩子关注区域规则。	（1）允许孩子流动或交换，引导其遵守规则。	1
			（2）当孩子希望进入的区域人数已经满额的时候，请孩子和区域内的孩子商量能否允许他进入。	（2）引导孩子通过讨论解决问题。	1
			（3）如果教师希望孩子参与当下的活动，要和孩子讨论当下的活动，引起孩子的兴趣。	（3）以讨论的方式进行引导。	1
		4. 关注先完成的孩子。（1分）	允许先完成的孩子进入下一个活动环节或者做其他活动。	引导方式得当，孩子能理解和配合。	1

续表

环节与主题	教师岗位	清单要点		督导要点	评分
活动过程	主班老师（共计12分）	5. 有效提示。（1分）	活动结束前进行3次或2次有效提示，让孩子有准备地结束活动。	引导方式合理，提示时间得当。	1
	配班老师（共计11分）	1. 协助主班老师。（2分）	（1）协助主班老师进行区域活动。	（1）主动协助。	1
			（2）负责观察1~2个区域活动，及时做观察记录。	（2）按照要求及时做观察记录。	1
		2. 观察活动过程。（3分）	（1）进入区域前引导孩子阅读区域规则。	（1）引导方式得当，孩子配合。	1
			（2）记录孩子的活动经过，以便及时调整活动方案。每个孩子有1份观察记录。	（2）观察记录的内容符合要求。	1
			（3）允许孩子重复和自我纠正，允许孩子按照自己的方式玩。	（3）允许孩子按照自己的方式玩。	1
		3. 关注孩子活动时的状态。（3分）	（1）允许孩子自由选择，引导孩子遵守规则。	（1）引导方式得当，孩子能够理解。	1
			（2）当孩子希望进入的区域人数已经满额的时候，请孩子和区域内的孩子商量能否允许他进入。	（2）引导方式得当，孩子能够理解。	1
			（3）如果教师希望孩子参与当下的活动，教师要和孩子讨论当下的活动，引起孩子的兴趣。	（3）遵守原则，不强迫。	1
		4. 关注先完成的孩子。（2分）	（1）允许先完成的孩子进入下一个活动环节或者做其他活动。	（1）引导方式得当，孩子配合。	1
			（2）确保孩子安全。	（2）关注孩子的安全。	1
		5. 有效提示。（1分）	活动结束前进行3次或2次有效提示，时间得当。	提示清晰，时间得当。	1

续表

环节与主题	教师岗位	清单要点		督导要点	评分
活动过程	生活老师（共计8分）	1. 参与区域活动。（1分）	整理好卫生后可参与到区域活动中。	时间安排合理，主动参与。	1
		2. 关注有需求的孩子。（1分）	关注活动中有如厕需求或洗手需求的孩子。	做到及时回应孩子的需求。	1
		3. 关注孩子活动时的状态。（3分）	（1）允许孩子进入其他活动区域做自己喜欢的活动，引导孩子遵守规则。	（1）引导方式得当，孩子能够理解。	1
			（2）当孩子希望进入的区域人数已经满额的时候，请孩子和区域内的孩子商量能否允许他进入。	（2）引导方式得当，孩子能够理解。	1
			（3）希望孩子进入当下的活动时，和孩子讨论当下的活动，引起孩子的兴趣。	（3）引导方式得当，孩子配合。	1
		4. 关注先完成的孩子。（1分）	允许先完成的孩子进入下一个活动环节或者做其他活动。	引导方式得当，孩子配合。	1
		5. 有效提示。（1分）	活动结束前进行3次或2次有效提示，时间得当。	提示清晰，时间得当。	1
		6. 结束后整理。（1分）	活动结束后整理教室卫生，保持教室的整齐、整洁，检查和确认玩具归位。	教室整齐、整洁，玩具归位。	1
特别提示		1. 儿童作品展示原则。	（1）在教室固定的地方展示孩子的作品，展示区应该在1.2米以下的位置，方便孩子看到。		
			（2）作品上应注明孩子的姓名及作品的名称，至少每个月更换一次。		
			（3）为每个孩子做一个作品集，在学期末可以送给孩子。		
		2. 关注孩子的个性特点。	（1）允许不愿意参加活动的孩子在一旁观摩，但要关注孩子的状态。		
			（2）可以和孩子分享他看到了什么或者老师看到了什么，激发其兴趣，帮助其建立安全感。		

续表

环节与主题	教师岗位	清单要点		督导要点	评分
特别提示		3. 教学研讨与反思。	（1）每周固定时间针对关于孩子的记录进行讨论和反思，并有记录。		
			（2）根据孩子的表现制订后续的活动计划。		

（八）集体活动环节

集体活动环节，所有教师的清单要点都是一样的（详见表 2-19、表 2-20），因为集体活动是主班老师、配班老师及生活老师集中精力共同完成的活动，主班老师和配班老师均可以是活动的组织者，因此主班老师和配班老师的岗位清单基本相同，生活老师作为协助者清单要点也是相同的。在这个环节里，班级所有老师均应以保证集体活动的顺利进行为最终目标。

说明：一般托幼机构在上午和下午都会安排集体活动，活动清单要点相同，因此不再重复说明。

表 2–19　集体活动环节教师清单要点与评分汇总

所有老师合作完成	清单主题内容		清单要点数量	评分
	活动准备	活动区域及安全。	3	3
	活动过程	1. 组织活动。	1	1
		2. 活动材料。	1	1
		3. 老师之间的协助。	4	4
		4. 关注孩子活动时的状态。	4	4
	活动结束	1. 有效提示。	1	1
		2. 分享与结束。	4	4
	小计（7）		18	18

表 2-20　集体活动环节教师清单要点与督导要点

环节与主题	教师岗位	清单要点		督导要点	评分
活动准备	所有老师（共计3分）	活动区域及安全。（3分）	（1）主导教师（主班老师或配班老师）根据活动内容和形式确定集体活动的区域，空间需能容纳所有孩子。	（1）空间大小适合。	1
			（2）根据活动内容和材料选择合适的形式（如划分区域小组，避免孩子之间的碰撞等）。	（2）形式符合内容，方便孩子操作材料。	1
			（3）保证孩子在视线范围之内。	（3）保证所有孩子均在视线范围之内。	1
活动过程	所有老师（共计10分）	1. 组织活动。（1分）	主导老师（主班老师或配班老师）以微型课程吸引孩子的专注力，其他老师听从主导老师的指令，引导孩子到指定地方集中。	合作顺畅。	1
		2. 活动材料。（1分）	保证每个孩子都有活动材料。	材料足够。	1
		3. 老师之间的协助。（4分）	（1）活动过程中，随时给主导老师需要的帮助，如递送教具或协助展示用品等。	（1）配合默契。	1
			（2）站位：协助的老师注意自己的站位，既不要挡着孩子的视线，还要做到随时和主导老师沟通。	（2）站位合理。	1
			（3）协助的老师说话声音适当。	（3）声音适当。	1
			（4）生活老师随时关注需要喝水或需要去洗手间的孩子。	（4）随时关注孩子。	1
		4. 关注孩子活动时的状态。（4分）	（1）允许孩子按照自己的方式做。	（1）引导方式适合孩子的特点。	1
			（2）在活动过程中如果有提问或分享，主导老师要关注到所有孩子，如有漏掉，协助老师可以通过眼神或手势提醒。	（2）关注到所有孩子，教师配合默契。	1

续表

环节与主题	教师岗位	清单要点		督导要点	评分
活动过程	所有老师（共计10分）	4. 关注孩子活动时的状态。（4分）	（3）允许不愿意参加的孩子在一旁观摩，但要关注孩子的状态。	（3）引导方式得当，不强迫。	1
			（4）当孩子需要帮助时，协助的老师要轻声回答，说话的声音最好不影响其他孩子，更不能超过主导老师的声音。	（4）及时回应有需要的孩子，不影响他人。	1
活动结束	所有老师（共计5分）	1. 有效提示。（1分）	主导老师根据活动情况选择进行3次或2次有效提示，让孩子有准备地结束活动。协助的老师以同样的方式重复提示信息。	提示时间得当，信息一致。	1
		2. 分享与结束。（4分）	（1）集体活动结束后，根据活动的内容进行简单的分享，激发孩子的兴趣。	（1）有分享。	1
			（2）只分享过程，不评价结果，接纳孩子的所有想法。	（2）分享过程，不做评价。	1
			（3）根据活动内容确定是否需要作品展示等，主导教师利用微型课程进入下一个环节。	（3）使用微型课程。	1
			（4）引导孩子把物品归位，即清理现场卫生。生活老师做最后的卫生确认。	（4）引导方式得当，孩子主动配合。	1

（九）室内过渡环节

托幼机构一日生活中有很多过渡环节，有从室内到室外的过渡环节，如进行户外活动时；也有室内活动中的过渡环节，如从盥洗到用餐，用餐后到区域活动等。室内空间相对狭小，因此教师要有效组织，保证孩子在整个过程中安全有序。针对不同岗位教师的站位、安全防护及有效提示，本环节提供了相应的清单要点（详见表2-21、表2-22）。室内过渡环节特别强调微型课程的使用，即让孩子在等待期间有事可干。这也是我们常说的，一日生活中的任何环节都渗透着教育理念，不同的过渡环节使用的微型课程也不同。另外，教师的站位要根据现场情况调整，但一定要关注到关键点，过渡环节的顺畅与否也是教师之间的合作是否顺畅的外在体现。

表 2-21 室内过渡环节教师清单要点与评分汇总

	清单主题内容		清单要点数量	评分		清单主题内容		清单要点数量	评分		清单主题内容		清单要点数量	评分
主班老师	过渡环节	1. 组织与站位	4	4	配班老师	过渡环节	1. 关注盥洗中的孩子	3	3	生活老师	过渡环节	1. 准备和确认	1	1
		2. 安全防护	2	2			2. 安全防护	1	1			2. 协助其他老师	1	1
		3. 有效提示	1	1			3. 有效提示	1	1					
	小计（3）		7	7		小计（3）		5	5		小计（2）		2	2

表 2-22 室内过渡环节教师清单要点与督导要点

环节与主题	教师岗位	清单要点		督导要点	评分
室内过渡环节	主班老师（共计7分）	1. 组织与站位。（4分）	（1）使用微型课程引导孩子排队或分组去如厕、盥洗（根据实际情况决定排队还是分组）。	（1）使用微型课程。	1
			（2）卫生间的站位：主班老师在门口关注所有孩子，配班老师在卫生间里面关注正在如厕或洗漱的孩子。	（2）站位合理。	1
			（3）有部分孩子洗漱完毕后，使用微型课程吸引孩子到活动室。避免卫生间拥挤。	（3）及时组织，流程顺畅。	1
			（4）同时关注陆续回来的孩子和没有去卫生间的孩子。	（4）关注所有孩子。	1
		2. 安全防护。（2分）	（1）有序进行，距离适当，教师不催促，孩子不拥挤。	（1）安全有序。	1
			（2）关注有急需的孩子。	（2）能及时回应孩子。	1
		3. 有效提示。（1分）	根据孩子情况决定提示3次还是2次，提示孩子进入下一个环节，如进餐环节等。	有效提醒，关注所有孩子。	1

续表

环节与主题	教师岗位	清单要点		督导要点	评分
室内过渡环节	配班老师（共计5分）	1. 关注盥洗中的孩子。（3分）	（1）配合主班老师引导孩子分组或排队去卫生间如厕、洗手等。	（1）组织孩子有序盥洗。	1
			（2）关注有急需的孩子。	（2）能及时回应孩子。	1
			（3）提醒盥洗完毕的孩子到主班老师那里确认，主班老师关注到走过来的孩子。	（3）孩子出入有序，教师引导用语清晰。	1
		2. 安全防护。（1分）	关注陆续进入卫生间或洗漱完毕的孩子，不催促，让孩子之间保持一定距离。	出入有序，不拥挤。	1
		3. 有效提示。（1分）	协助主班老师进行有效提示，提醒没有听到的孩子。引导孩子进入下一个环节，如进餐环节等。	有效提醒规范。	1
	生活老师（共计2分）	1. 准备和确认。（1分）	准备和确认本环节或下一个环节的工作，如保持卫生清洁、准备间点、进入饮水或进餐环节等。	合理安排自己的工作。	1
		2. 协助其他老师。（1分）	如无其他工作，可协助其他老师。	有效协助。	1

（十）午餐时间（参考三、早餐环节）

（十一）午睡与起床环节

午睡与起床环节进行的顺畅与否也是老师之间的合作是否流畅的外在体现，每个孩子进餐速度不同，所以结束用餐的时间也不相同。这就需要所有老师合理安排时间和相关的事情，如准备睡眠室的时间可能和进餐时间有部分重合，需要主班老师、配班老师和生活老师相互配合。另外由于每个孩子的睡眠习惯不同，尤其是小班的孩子需要给予更多的关注。因此，本环节从午睡准备、上床入睡前、午睡环节及起床环节四个方面设计了工作清单要点（详见表 2-23、表 2-24）。需要说明的是，大部分托幼机构会利用孩子午睡的时间安排开例会、开展教学研讨或其他常规和应急工作，因此午睡环节的工作安排相对灵活，需要三位老师配合完成，因此三位老师工作的清单要点基本相同。不管哪位老师做这项工作，都需要按照清单要求完成。清单要点强调了每项工作的执行标准，同时关注了老师之间的合作。

表 2-23 午睡与起床环节教师清单要点与评分汇总

岗位	环节	清单主题内容	清单要点数量	评分
主班老师	午睡准备	1. 餐后散步。	1	1
	上床入睡前	1. 引导上床。	2	2
		2. 安全检查。	2	2
	午睡环节	1. 确认值班老师。	2	2
		2. 巡回观察记录。	4	4
		3. 关注有需要的孩子。	3	3
		4. 教师行为。	1	1
	起床环节	1. 播放音乐。	1	1
		2. 穿衣与如厕。	2	2
	小计（9）		18	18
配班老师	午睡准备	1. 音乐与温度。	2	2
		2. 协助其他老师。	2	2
	上床入睡前	1. 引导上床。	2	2
		2. 安全检查。	2	2
	午睡环节	1. 确认值班老师。	2	2
		2. 巡回观察记录。	4	4
		3. 关注有需要的孩子。	3	3
		4. 教师行为。	1	1
	起床环节	1. 配合主班老师。	1	1
		2. 整理床铺。	1	1
	小计（10）		20	20
生活老师	午睡准备	1. 准备午睡环境。	3	3
	上床入睡前	1. 引导上床。	2	2
		2. 安全检查。	2	2
	午睡环节	1. 确认值班老师。	2	2
		2. 巡回观察记录。	4	4
		3. 关注有需要的孩子。	3	3
		4. 教师行为。	1	1
	起床环节	1. 准备间点和饮水。	1	1
		2. 配合其他老师。	1	1
		3. 帮助有需要的孩子。	1	1
	小计（10）		20	20

表 2-24　午睡与起床环节教师清单要点与督导要点

环节与主题	教师岗位	清单要点		督导要点	评分
午睡准备	主班老师（共计1分）	1. 餐后散步。（1分）	使用微型课程引导孩子排队，天气好的时候可以选择室外，天气不好的时候可在教室或走廊里散步10~15分钟。不做剧烈活动。	餐后散步，时间合理。	1
	配班老师（共计4分）	1. 音乐与温度。（2分）	（1）播放舒缓的音乐，营造良好的睡眠氛围。	（1）播放的音乐符合睡眠环境。	1
			（2）根据季节调整室内温度。	（2）室内温度适宜。	1
		2. 协助其他老师。（2分）	（1）协助主班老师引导孩子餐后散步。	（1）协助主班老师。	1
			（2）在适当时候协助生活老师准备床铺。	（2）协助生活老师。	1
	生活老师（共计3分）	1. 准备午睡环境。（3分）	（1）准备床铺。床和床之间要有一定距离，方便照顾孩子。	（1）床间距适当。	1
			（2）根据季节确认室内温度。	（2）温度适宜。	1
			（3）拉窗帘、关灯。	（3）及时拉窗帘、关灯。	1
上床入睡前	教师合作（共计4分）	1. 引导上床。（2分）	（1）引导孩子找到自己的小床，引导孩子坐在床上脱衣服和鞋子，鼓励孩子自己动手，并将衣服放在固定位置。	（1）引导方式得当，孩子主动配合。	1
			（2）引导孩子换好衣服后躺在床上（不能站在床上，更不能在床上跳等）。	（2）引导孩子安静地躺下来。	1
		2. 安全检查。（2分）	（1）检查和确认孩子口中或手中没有任何食物或其他东西。	（1）有检查和确认行为。	1
			（2）确认孩子没有其他异常情况，如发热或呕吐等。	（2）有检查和确认行为。	1

续表

环节与主题	教师岗位	清单要点		督导要点	评分
午睡环节	教师合作（共计10分）	1.确认值班老师。（2分）	（1）确认一名值班老师。其他老师可以安排需要的工作。	（1）有一位值班老师。	1
			（2）有需要随时求助，并确认求助的信号和方式。	（2）每个老师都清楚应急求助的信号和方式。	1
		2.巡回观察记录。（4分）	（1）按照要求，每间隔5~10分钟巡视一次，并有记录。观察是否有面色及呼吸异常等特殊情况的孩子，如有，及时做好应急处理。	（1）按要求巡视，并有记录。	1
			（2）关注睡眠习惯不良的孩子，如吸吮手指或被角的孩子等。	（2）合理关注。	1
			（3）睡眠过程中孩子头面部需完全暴露在外面（避免蒙头睡觉），关注枕巾或毛巾被是否有突出的线头，避免线头缠绕在孩子的手指、脚趾或其他部位。	（3）符合要求。	1
			（4）孩子尿床时，不能训斥，应态度温和地给孩子换上干净的衣服。	（4）及时更换，不说教。	1
		3.关注有需要的孩子。（3分）	（1）照顾不睡觉的孩子，安排安静的活动。	（1）照顾不睡觉的孩子，活动安排合理。	
			（2）关注入睡困难的孩子，老师不要采用抱和摇的方式安抚孩子睡觉。根据孩子的情况，可以适当抱或安抚，逐渐过渡到不用抱。使用合理的方式引导孩子保持安静。	（2）合理引导。	
			（3）引导孩子午睡的有效方式如下：开始的时候让孩子在床上及活动区域安静地玩，逐渐过渡到睡眠。	（3）引导和过渡方式合理。	1
		4.教师行为。（1分）	老师需要时刻保持清醒状态，不能睡觉，更不能和孩子躺在一起睡觉。	按要求及时巡回和记录。	

续表

<table>
<tr><th>环节与主题</th><th>教师岗位</th><th colspan="2">清单要点</th><th>督导要点</th><th>评分</th></tr>
<tr><td rowspan="9">起床环节</td><td rowspan="3">主班老师（共计3分）</td><td>1. 播放音乐。（1分）</td><td>播放唤醒音乐，开灯，拉开窗帘。</td><td>符合叫醒流程。</td><td>1</td></tr>
<tr><td rowspan="2">2. 穿衣与如厕。（2分）</td><td>（1）观察孩子情况，引导睡醒的孩子如厕。</td><td>（1）引导有序。</td><td>1</td></tr>
<tr><td>（2）鼓励孩子独立穿衣服，必要时给予帮助。</td><td>（2）关注和引导方式得当。</td><td>1</td></tr>
<tr><td rowspan="2">配班老师（共计2分）</td><td>1. 配合主班老师。（1分）</td><td>配合主班老师引导孩子起床，帮助有需求的孩子。</td><td>引导方式得当，适当协助孩子，不替代。</td><td>1</td></tr>
<tr><td>2. 整理床铺。（1分）</td><td>鼓励孩子自己整理床铺，和生活老师一起把床放回原位。</td><td>主动配合，整理床铺。</td><td>1</td></tr>
<tr><td rowspan="3">生活老师（共计3分）</td><td>1. 准备间点和饮水。（1分）</td><td>提前准备好孩子的间点和饮水。</td><td>准备好间点和饮水，放在指定位置。</td><td>1</td></tr>
<tr><td>2. 配合其他老师。（1分）</td><td>配合主班老师、配班老师，引导孩子如厕。</td><td>配合默契，流程顺畅。</td><td>1</td></tr>
<tr><td>3. 帮助有需要的孩子。（1分）</td><td>帮助有需求的孩子穿衣或整理床铺。</td><td>帮助有需要的孩子。</td><td>1</td></tr>
<tr><td colspan="5" style="display:none"></td></tr>
<tr><td colspan="2" rowspan="3">班级合作（起床后喝水）</td><td colspan="4">1. 主班老师引导洗漱完毕的孩子坐下来喝水，同时关注整理结束正在走过来的孩子。</td></tr>
<tr><td colspan="4">2. 配班老师关注和协助正在整理的孩子。</td></tr>
<tr><td colspan="4">3. 生活老师关注陆续过来饮水的孩子。</td></tr>
</table>

（十二）下午过渡环节与户外活动环节（参考五、过渡环节与户外活动环节）

（十三）下午间点与饮水环节（参考六、间点与饮水环节）

（十四）下午区域活动环节（参考七、区域活动环节）

（十五）晚餐环节（参考三、早餐环节）

（十六）离园环节

离园环节是孩子在幼儿园一日生活的结束环节。教师的一日工作接近尾声，然而，在这一环节教师的思想丝毫不能放松。现实工作中很多意外情况就是发生在离园这一环节。因此本环节从离园准备、离园环节两方面设计了不同教师岗位的清单要点（详见表 2-25、表 2-26）。在离园准备环节，主班老师检查确认孩子手脸干净、衣物整洁，确认带回家的物品无误；配班老师引导和协助孩子洗漱，确认孩子的物品准确无误；生活老师提前做好准备等。其中的离园分享是教师引导孩子回忆一天中有意义的活动，同时可以分享第二天的活动，让孩子对幼儿园的生活充满期待。最终目标是让孩子高高兴兴从家来，快快乐乐回家去，当父母看到孩子开心快乐时，焦虑的情绪自然就会消失。

表 2-25　离园环节教师清单要点与评分汇总

	清单主题内容		清单要点数量	评分		清单主题内容		清单要点数量	评分		清单主题内容		清单要点数量	评分
主班老师	离园准备	1. 检查确认。	1	1	配班老师	离园准备	1. 引导洗漱。	1	1	生活老师	离园准备	1. 将孩子衣物有序分类。	1	1
		2. 与家长沟通准备。	1	1			2. 衣物无误。	1	1			2. 引导洗漱及进餐。	3	3
	离园环节	1. 集中孩子。	1	1		离园环节	1. 协助主班老师。	2	2		离园环节	1. 引导孩子。	1	1
		2. 离园分享。	1	1			2. 确认与站位。	2	2			2. 确认物品。	1	1
		3. 确认与排队。	2	2			3. 关注所有孩子。	1	1			3. 协助主班老师。	1	1
		4. 和家长沟通。	1	1										
		5. 再见。	1	1										
	小计（7）		8	8		小计（5）		7	7		小计（5）		7	7

表 2-26　离园环节教师清单要点与督导要点

环节与主题	教师岗位	清单要点		督导要点	评分
离园准备	主班老师（共计 2 分）	1. 检查确认。（1 分）	主班老师负责检查洗漱完毕的孩子手脸是否干净，衣物是否整洁，带回家的物品如作品等是否无误。	符合检查和确认要求。	1
		2. 与家长沟通准备。（1 分）	根据孩子的一日表现，确认需要和家长沟通的孩子，确认沟通的基本资料。	有沟通的基本资料。	1

续表

环节与主题	教师岗位	清单要点		督导要点	评分
离园准备	配班老师（共计2分）	1.引导洗漱。（1分）	引导吃完饭的孩子有序地洗手、洗脸。	引导方式符合流程与标准。	1
		2.衣物无误。（1分）	整理幼儿需要带回家的衣物，叠放整齐，准确无误。	及时整理，有确认行为。	1
	生活老师（共计4分）	1.将孩子的衣物有序分类。（1分）	提前把孩子的脏衣服、湿衣服与干净衣服分开放，并分别放在对应的孩子的衣柜里。	有序分类。	1
		2.引导洗漱及进餐。（3分）	（1）及时把吃完饭的孩子送到配班老师那里洗漱，并及时整理餐具，分类放好，最后集中把餐具送回厨房。	（1）引导方式得当，符合孩子的年龄特点。	1
			（2）关注吃饭慢的孩子，及时提醒但不催促。	（2）提醒语言清晰，语气温和。	1
			（3）所有孩子吃完后，整理餐桌和地面。	（3）及时清理卫生。	1
离园环节	主班老师（共计6分）	1.集中孩子。（1分）	使用微型课程组织孩子在宽敞的场地进行离园分享。	使用微型课程。	1
		2.离园分享。（1分）	离园分享内容： ①和孩子分享今天最有意义的活动，让孩子对幼儿园生活充满期待。 ②赞扬值日生一天的工作，选举和安排第二天的值日生。 ③分享一下第二天更有意义的活动，让孩子更加期待第二天的活动。	分享主题清晰、有趣，吸引孩子。	1
		3.确认与排队。（2分）	（1）分享结束后，再次确认孩子带回家的物品是否正确，并使用微型课程组织孩子排队到门口。	（1）有再次确认行为，组织孩子排队，流程顺畅。	1
			（2）排队与站位：主班老师在队前，生活老师和配班老师分别在队尾和队中间。	（2）站位合理。	1

续表

环节与主题	教师岗位	清单要点		督导要点	评分
离园环节	主班老师（共计6分）	4. 和家长沟通。（1分）	有选择地和家长沟通孩子一日生活的情况，如有新入园、正在服药的孩子及一对一家长会等情况需要重点沟通。重要的事情需要文字通知。时间控制在1~3分钟，特殊情况例外。	主动沟通，合理控制时间，耐心回答问题。	1
		5. 再见。（1分）	蹲下和孩子拥抱、再见，与家长再见。	行为符合离园要求。	1
	配班老师（共计5分）	1. 协助主班老师。（2分）	（1）协助主班老师通过微型课程组织孩子进行离园分享。	（1）协助主班老师。	1
			（2）引导没有参加分享的孩子加入离园分享活动中。	（2）引导方式得当，孩子主动配合。	1
		2. 确认与站位。（2分）	（1）分享结束后，再次确认孩子带回家的物品是否正确，并使用微型课程组织孩子排队到门口。	（1）有确认行为，分工明确。	1
			（2）站在队尾，保证所有的孩子都在视线范围之内。	（2）站在队尾。	1
		3. 关注所有孩子。（1分）	主班老师和家长沟通时，关注班级孩子的人数，及时清点，保证所有的孩子都在视线范围之内。	清点班级人数，关注所有孩子。	1
	生活老师（共计3分）	1.引导孩子。（1分）	引导没有参与分享的孩子加入离园分享。	引导方式得当，孩子主动配合。	1
		2.确认物品。（1分）	协助再次确认孩子带回家的物品是否正确。	有再次确认行为，分工明确。	1
		3. 协助主班老师。（1分）	主班老师和家长沟通时，关注班级孩子的人数，及时清点，保证所有的孩子都在视线范围之内。	主动协助，职责清晰。	1

续表

环节与主题	教师岗位	清单要点	督导要点	评分
温馨提示		1. 离园环节是一天工作的结束环节，也是比较容易出现问题的环节，所有老师不能麻痹懈怠、疏忽大意。		
		2. 离园环节是老师合作环节，大家的首要任务是保证孩子干净卫生，让孩子高高兴兴地和父母回家。		
		3. 配班老师和生活老师需灵活安排时间，如当只有个别孩子没有离园时，配班老师和生活老师可以回班级整理卫生。		
		4. 主班老师应该掌握好和家长沟通的时间，等孩子都离开后，快速回班级整理卫生。		
		5. 所有孩子安全离园后，大家一起整理地面及室内卫生，清理玩具，给教室通风、消毒等。		

（十七）研讨与复盘环节

在使用清单的最初阶段，研讨和复盘是不可缺少的。班级教师需对照各自的清单要点，围绕教学目标，结合班级情况客观地说出自己的困惑和收获。本环节为教师们提供了供大家参考的清单要点（详见表 2-27、表 2-28），但这些只能起到抛砖引玉的作用，相信大家还有更多的思考。希望教师们结合班级的实际情况，坚持以儿童为本的核心理念，不断优化清单内容，创建适合自己机构的清单保教标准，让工作简单、清晰、高效，这也体现了清单的核心，即启发大家有目标地思考，关注正确的做事方式，提高工作的质量和效率。

表 2-27　研讨和复盘环节教师清单要点与评分汇总

	清单主题内容	清单要点数量	评分
所有老师合作完成	1. 确定主题内容。	1	1
	2. 讨论要点。	5	5
	3. 第二天准备。	1	1
	小计（3）	7	7

表 2–28 研讨和复盘环节教师清单要点与督导要点

环节与主题	教师岗位	清单要点		督导要点	评分
讨论复盘	所有老师（共计 7 分）	1. 确定主题内容。(1分)	主班老师主持会议，配班老师和生活老师参与，通过每天的讨论和复盘，提高班级的工作效率。	每天有记录。	1
		2. 讨论要点。（5分）	（1）清单中哪些要点不符合本园所目前的情况，如何进行优化？	（1）需要优化的部分。	1
			（2）老师的配合协作中哪些需要改进和完善？	（2）需要改进和完善的地方。	1
			（3）清单中哪些要点限制了老师的主动性和创造性？	（3）列出要点。	1
			（4）清单中哪些要点限制了孩子的主动性和创造性？	（4）列出要点。	1
			（5）明天需要改进的地方有哪些，具体的方案是什么？	（5）具体的方案，各自分工。	1
		3. 第二天准备。(1分)	所有老师准备第二天活动的物品及环境等，如主班老师的教具及材料、生活老师使用的生活用品等。	准备第二天需要的物品。	1
特别提示	1. 分析清单要点是希望教师根据自己班级的情况优化、完善清单，制定出适合本园所的清单要点细则。				
	2. 使用清单的目的就是帮助教师把班级管理的工作规范化、简单化、可视化，并通过规范教师的行为，来塑造孩子的行为，因此清单的核心是人。				
	3. 清单不是课程，是提升教学和课程质量的管理工具。				
	4. 清单不是大而全的工具，而是管理课程的关键点，可帮助教师制定班级管理的基本原则。				
	5. 清单可以帮助形成教师行为和管理考核的一致性，提升班级的工作效率。				

四、托幼机构安全与卫生清单要点与督导要点

（一）安全与卫生清单要点与督导要点评分汇总

安全与卫生管理是托幼机构的首要工作，其不仅体现在校舍整体的设计与建设方面，也贯

穿了具体的一日生活。需要说明的是本清单提供的安全与卫生要点是围绕教师的工作设计的，包括四大原则、活动区域、意外伤害防护、消防安全、卫生消毒、班级档案几个方面，教师在使用的过程中，可以根据具体情况适当优化和调整（详见表 2-29 至表 2-35）。

表 2-29　安全与卫生清单要点与督导要点评分汇总

主题		清单要点	督导要点	评分
四大原则	1. 教师的行为规则。	7	7	7
	2. 着装原则。	5	5	5
	3. 和家长沟通的原则。	6	6	6
	4. 为孩子制定规则的原则。	4	3	3
活动区域	1. 户外活动区域。	5	5	5
	2. 楼内走廊与楼梯。	3	3	3
	3. 活动室内。	10	10	10
意外伤害防护	1. 制度与培训。	6	6	6
	2. 急救措施。	4	4	4
消防安全	1. 管理制度。	4	4	4
	2. 消防执行。	6	6	6
卫生消毒	1. 管理制度。	5	5	5
	2. 教室内环境。	4	4	4
	3. 孩子的用品。	6	6	6
	4. 玩教具。	3	3	3
	5. 马桶及抹布。	5	5	5
班级档案	1. 建立接送及交接制度。	4	4	4
	2. 成长档案。	4	4	4
	3. 教学档案。	5	5	5
小计		96	95	95

（二）安全与卫生清单要点与督导要点

1. 四大原则清单要点与督导要点

表 2–30　四大原则清单要点与督导要点

主题	内容	清单要点	督导要点	评分
四大原则	1. 教师的行为规则。（共计 7 分）	（1）遵守职业道德及岗位职责。	（1）掌握职业道德及岗位职责，并能做到。	1
		（2）教师教学过程必须行为一致。	（2）行为符合教学要求。	1
		（3）遇到紧急事件时，遵照应急处理流程和标准执行。	（3)熟练使用应急处理流程和标准。	1
		（4）不管发生什么事情，都要保持情绪稳定。不要在有情绪时处理孩子的事情。	（4）掌握情绪管理的方法。	1
		（5）如果孩子违反规则，请走近孩子，轻声告诉孩子应该做的事情，并给孩子正确示范，而不是告诉孩子不应该做的事。	（5）正确示范，行为符合标准。	1
		（6）说话声音不要太大，声音不出教室。希望孩子安静下来，教师先让自己安静。	（6）营造安静的氛围。	1
		（7）不管出现什么情况，不得以任何形式惩罚孩子。	（7）无惩罚孩子的行为。	1
	2. 着装原则。（共计 5 分）	（1） 穿舒适的便装或工作装。	（1） 符合要求。	1
		（2）不带长耳环、长项链、戒指、手链等饰品。	（2)符合要求。	1
		（3）长头发要挽起不过肩，刘海不能遮挡眼睛。	（3）符合要求。	1
		（4）及时剪指甲，避免划伤孩子。	（4）符合要求。	1
		（5）穿平跟鞋，鞋上不要有任何装饰，尤其是鞋面上不要有亮片，防止划伤孩子。	（5）符合要求。	1

续表

主题	内容	清单要点	督导要点	评分
四大原则	3. 和家长沟通的原则。（共计 6 分）	（1）理解家长的抱怨，不解释。	（1）认真倾听。	1
		（2）认真记录家长的问题，需要时反馈给相关负责人。	（2）认真记录，及时反馈。	1
		（3）当不知道如何回答时，要耐心告诉家长，咨询相关负责人后再回复。	（3）掌握解决方案。	1
		（4）不告状，即当孩子出现严重不当行为如抓人、推搡、咬人等，应分析孩子发生不当行为的原因，制定防护措施，而不是向家长告状。	（4）不告状，当孩子出现不当行为时，客观、冷静地对待。	1
		（5）不要给孩子贴任何标签，不管是积极的还是消极的。	（5）无贴标签行为。	1
		（6）不给家长传递消极信息，如孩子不听话、不专注等。	（6）沟通语言使用恰当。	1
	4. 为孩子制定规则的原则。（共计 3 分）	（1）制定规则的原则：在什么地方做什么事，什么时间做什么事。		
		（2）规则最好限制在 3 条以内。	（1） 符合要求。	1
		（3）和 3 岁以上的孩子讨论规则，便于孩子自我管理。	（2）制定方式符合孩子特点。	1
		（4）使用微型课程是让孩子遵守规则的最好方式，避免孩子长时间等待。	（3） 等待时使用微型课程。	1

2. 活动区域清单要点与督导要点

表 2-31　活动区域清单要点与督导要点

主题	内容	清单要点	督导要点	评分
活动区域	1. 户外活动区域。（共计 5 分）	（1）活动前检查活动场地的安全。	（1）确认场地安全。	1
		（2）活动前户外设施及防护稳固。	（2）设施稳固。	1
		（3）如有沙池，检查沙子是否清洁卫生、无杂物。	（3）清洁卫生，无杂物。	1

续表

主题	内容	清单要点	督导要点	评分
活动区域	1. 户外活动区域。（共计 5 分）	（4）活动前检查玩具功能是否完好，如三轮车、滑板车的轮子是否完好等。	（4）玩具的功能完好。	1
		（5）如有专门的植物区域，需确认种植植物的区域安全等。	（5）植物区域安全。	1
	2. 楼内走廊与楼梯。（共计 3 分）	（1）楼内走廊保持畅通，无杂物，地面无湿滑现象。	（1）畅通无障碍，地面干爽。	1
		（2） 楼道的消防出口保持畅通，无杂物。	（2）消防出口畅通。	1
		（3）关注楼梯安全，如楼梯的拐角处或台阶的地胶是否平整等。	（3）关注楼梯安全。	1
	3. 活动室内。（共计 10 分）	（1）室内活动场地布局合理，区域空间大小符合教学要求。	（1）布局、空间大小合理。	1
		（2）窗台下不要放桌椅、床、小柜等可供攀爬的物件。	（2）窗台下无可供攀爬的物件。	1
		（3）不管使用什么窗帘，侧拉绳需挽起，保持在 1.2 米以上。	（3）侧拉绳挽起在 1.2 米以上。	1
		（4）室内电源插座及接线板安置在 1.6 米以上的位置。	（4）室内电源插座及接线板符合要求。	1
		（5）保持室内地面干爽，无湿滑。	（5）地面无湿滑。	1
		（6）涮洗拖布、处理脏水有专用水池，并有明显标识及消毒制度，且需要记录消毒时间。存放拖布的地方保持通风。	（6）标识清晰，有消毒制度。存放规范。	1
		（7）如室内有卫生间，配餐区应远离卫生间。	（7）配餐区位置合理。	1
		（8）孩子的小床放在固定的地方，摆放稳定或使用固定措施。	（8）小床摆放稳定。	1
		（9）孩子的床上用品分别存放，不互相接触。定期换洗。	（9）用品存放规范，定期换洗。	1
		（10）孩子的个人所有物，如衣帽鞋袜、自带玩具、自带书籍等有独立的存放空间。	（10）每个孩子有独立的储物空间。	1

3. 意外伤害防护清单要点与督导要点

表 2–32　意外伤害防护清单要点与督导要点

主题	内容	清单要点	督导要点	评分
意外伤害防护	1. 制度与培训。（共计6分）	（1）按照规定参加园所培训。相关知识技能应计入业绩和晋升考核。	（1）及时参加培训。	1
		（2）所有教师均应该接受意外伤害预防及急救方法、安全防护及传染病等培训，并掌握操作技能。	（2）具有操作能力。	1
		（3）所有教师均应该了解每个孩子的情况，有特殊情况的孩子如有过敏、高烧惊厥史等，需要将急救方法张贴在教师能看到的地方。	（3）急救方法张贴在教师能看到的地方。	1
		（4）关注一日流程中哪些环节容易出现意外，如用餐环节、饮水环节、户外活动环节、过渡环节等。	（4）关注并有培训。	1
		（5）走廊和卫生间如有台阶，要有明显标识。	（5）有明显标识。	1
		（6）室内禁止使用含有化学成分的空气清新剂等。	（6）不使用含有化学成分的空气清新剂。	1
	2. 急救措施。（共计4分）	（1）掌握急救的流程。	（1）熟练掌握急救流程。	1
		（2）掌握应急处理方式：如当孩子发生严重摔伤时，第一时间不要抱起孩子摇晃。	（2）熟练掌握应急处理方案。	1
		（3）每次伤害处理完毕后，需登记并书写事故报告，由园所领导审核、家长签字，并存档。	（3）伤害处理有事故报告，档案保存齐全。	1
		（4）熟知急救电话。	（4）熟知急救电话。	1

4. 消防安全清单要点与督导要点

表 2–33　消防安全清单要点与督导要点

主题	内容	清单要点	督导要点	评分
消防安全	1. 管理制度。（共计4分）	（1）所有教师均需参加园所组织的培训。	（1）定期参加培训。	1
		（2）参加园所定期组织的消防培训和演练，有记录。	（2）定期参加演练。	1

续表

主题	内容	清单要点	督导要点	评分
消防安全	1. 管理制度。（共计4分）	（3）所有教师能熟练使用消防工具。	（3）熟练使用消防工具。	1
		（4）所有教师准确掌握逃生（疏散）路线及户外集合地点示意图。	（4）准确掌握逃生路线及户外集合地点示意图。	1
	2. 消防执行。（共计6分）	（1）熟知逃生流程及应急措施。	（1）熟知逃生流程及应急措施。	1
		（2）熟知逃生路线及标识。	（2）熟知逃生路线及标识。	1
		（3）灭火器放在固定位置，保证急需时员工能快速取下，但孩子平时不会拿到。	（3）灭火器固定位置，但孩子平时拿不到。	1
		（4）定期检查各种电器、供暖设备等，保证其功能良好，电源插座未超负荷，电线无裸露，并有检查记录。	（4）有检查，有记录。	1
		（5）禁止教师在教室内给电子设备充电，如需要请在指定地方。	（5）不在教室给电子设备充电。	1
		（6）熟知消防报警电话。	（6）熟知消防报警电话。	1

5. 卫生消毒清单要点与督导要点

表 2–34　卫生消毒清单要点与督导要点

主题	内容	清单要点	督导要点	评分
卫生消毒	1. 管理制度。（共计 5 分）	（1）教室、走廊、卫生间、窗台及栏杆等有消毒制度及记录。	（2）有消毒制度及记录。	1
		（2）玩教具等有卫生消毒制度及记录。	（2）有消毒制度及记录。	1
		（3）孩子日用品有消毒制度及记录。	（3）有消毒制度及记录。	1
		（4）关于洗手方法的图示，张贴在洗手池孩子能看到的地方。	（4）洗手方法图示张贴位置符合要求。	1
		（5）有清洁、消毒用品管理制度。	（5）清洁消毒制度齐全。	1
	2. 教室内环境。（共计 4 分）	（1）教室与卫生间的地面在每天孩子离园后清洁、消毒。	（1）每天完成。	1

续表

主题	内容	清单要点	督导要点	评分
卫生消毒	2.教室内环境。（共计4分）	（2）孩子每天可以触摸到的地方，如窗台、围栏、门把手、桌椅表面、玩具柜、床帮等，在每天孩子来园前消毒一次。	（2）孩子能触摸到的地方，在每天孩子来园前消毒一次。	1
		（3）孩子触摸不到的地方，如桌子底下、床底下、玩具柜底下等，每周消毒一次。	（3）孩子触摸不到的地方每周消毒一次。	1
		（4）如遇特殊情况需清洁时，做到及时清洁。	（4）及时清洁。	1
	3.孩子的用品。（共计6分）	（1）餐具：每餐消毒一次。	（1）餐具每餐消毒一次。	1
		（2）餐桌：餐前清消清一次。	（2）餐前清消清一次。	1
		（3）水杯与毛巾：一人、一杯、一巾，每天离园后消毒。	（3）日常用品每日常规消毒。	1
		（4）牙杯与牙刷：牙杯每天消毒一次，牙刷保持干燥，定期更换。	（4）牙杯每天消毒一次，牙刷定期更换。	1
		（5）水壶与水桶：每天孩子离园后清洁一次。	（5）每天清洁。	1
		（6）被褥：每周让家长拿回家清洗和暴晒。	（6）每周清洗和暴晒。	1
	4.玩教具。（共计3分）	（1）玩具与图书：每周五清洁、消毒一次，图书暴晒。	（1）每周五清洁、消毒一次。	1
		（2）区域垫及坐垫：每周五清洁、消毒一次。	（2）每周五清洁、消毒一次。	1
		（3）玩具柜：每天孩子离园后消毒一次。	（3）每天消毒。	1
	5.马桶及抹布。（共计5分）	（1）马桶：随时清洁，每天孩子离园后消毒。	（1）做到随时清洁，离园后消毒。	1
		（2）拖布：随时清洁，每天孩子离园后消毒。	（2）做到随时清洁，每日消毒。	1
		（3）抹布：清洁、消毒的抹布应分开悬挂放置，并随时清洁，孩子离园后浸泡消毒一次。	（3）抹布标识清晰，每日浸泡、消毒一次。	1
		（4）拖布和抹布需要暴晒。	（4）做到湿的清洁物随时暴晒。	1
		（5）卫生间需要随时通风。	（5）卫生间随时通风。	1

6. 班级档案清单要点与督导要点

表 2-35　班级档案清单要点与督导要点

主题	内容	清单要点	督导要点	评分
班级档案	1. 建立接送及交接制度。（共计 4 分）	（1）班级所有的孩子都有个人档案记录。	（1）有档案记录。	1
		（2）每个孩子有指定或专门的接送人。	（2）接送人信息记录清楚。	1
		（3）孩子特殊情况需有记录。	（3）有记录。	1
		（4）有教师交接制度及记录。	（4）有记录。	1
	2. 成长档案。（共计 4 分）	（1）为每个孩子建立成长档案，以了解孩子的个体情况。	（1）档案齐全。	1
		（2）根据个性化教学的要求，为每个孩子建立观察记录表。	（2）观察记录表齐全。	1
		（3）在学期末和家长分享孩子的成长内容。	（3）有记录内容，准备齐全。	1
		（4）成长档案应该包括：照片、视频、孩子的作品、观察记录、趣闻趣事、教师寄语、家长心声等。	（4）成长档案资料齐全。	1
	3. 教学档案。（共计 5 分）	（1）有学期校历。	（1）有学期校历。	1
		（2）有学期教学月计划、周计划。	（2）有学期教学月计划、周计划。	1
		（3）有学期教学研讨记录、培训记录。	（3）有学期教学研讨记录、培训记录。	1
		（4）有学期教案记录。	（4）有学期教案记录。	1
		（5）有学期家园反馈记录。	（5）有学期家园反馈记录。	1
特别提示	班级卫生、安全（急救、消防）等所有的资料档案齐全。			

模块二 清单保教的理论基础

第三章　清单保教的教育学基础

一、现代脑科学研究成果

婴幼儿阶段是人类生命周期的早期阶段，这一时期人类大脑发育最快，是潜能开发最为关键的时期，直接影响着其未来发展的可能。脑科学研究表明，新生儿的脑重量已达到成年人脑重量的 25%，脑的重量随着年龄增长以先快后慢的速度增长，出生后的第一年脑重量增长最快，2.5~3 岁时脑重量发展到相当于成年人脑重量的 75%；此后几年发展渐慢，6~7 岁时接近成人水平，约为成人脑重量的 90%；此后缓慢增长，到 20 岁左右时基本停止增长。脑结构与功能的复杂化、完善化是大脑发展的主要方向。大脑生理学的研究表明，婴幼儿大脑重量的增长并不是脑神经细胞的增殖，而主要是神经细胞结构的复杂化和神经纤维的生长。

蒙台梭利曾经说过人从出生那一刻起就具备自我发展的积极力量，这种与生俱来的“潜在生命力”是一种积极的、活动的发展存在。教育的任务就是激发和促进儿童的潜能发展。儿童从出生就具有吸收性的心理，年龄越小吸收能力越快，丰富的环境能更好地激发其各种能力。婴幼儿的智能发展源于视、听、嗅、触、尝等，丰富的环境和活动可以满足其能力的发展，同时满足其情绪情感的发展。婴幼儿在活动中获得的体验会储存在大脑里成为永久的记忆。婴幼儿获得经验的多少，很大程度上影响大脑发育的快慢。资料证明，如果婴幼儿的主动要求得到满足，早期环境及活动越丰富，婴幼儿对自身和生活的满意度越高，就会越自信和越独立。

二、埃里克森的人格发展八阶段理论

作为新精神分析学派的代表人物，埃里克森关注人格发展问题，他的人格发展八阶段理论详细说明了人在成长过程中的每一个阶段都有其特殊的任务或危机，只有有效地化解了每个阶段的主要危机，个体的人格才能得到健全发展。埃里克森认为，人的发展呈现阶段性和连续性特征，在发展过程中，上一个阶段为下一个阶段打基础，如果要使随后的发展正常进行，就必须很好地完成上一发展阶段的任务。

埃里克森认为，0~1 岁为婴儿期，这一阶段的主要发展任务是获得信任感，克服怀疑感。此时如果家长和教师认为婴儿还不懂事，只要吃饱不哭就行，就大错特错了。新生儿带着恐惧来到这个陌生的世界，建立对外界的信任感是这一时期最主要的任务。埃里克森认为信任感表现为一个人对他周围的世界，特别是他所生活的社会环境的基本态度，信任感可以通过父母（看护人）在养育过程中关心和爱护其需要而培养出来。当一个婴儿得到较好的抚养并与父母建立了良好的亲子关系时，其就会对周围的世界产生信任感；当父母的信念发生矛盾或在照料的方式上不一致时，婴儿就会出现恐惧和不安，产生一种不信任感。信任感的建立需要在日常生活中进行，一方面需要给婴儿施以温暖和关爱，另一方面还需要遵循规范的保教方式方法。这些都详细地列在清单要点中，指导父母和教师科学规范地养育婴儿。

1~3 岁是儿童期，这一阶段的主要发展任务是获得自主感，克服羞怯感。在这一时期，幼儿掌握了大量的技能，如爬、走、说话等，更重要的是他们学会了怎样坚持或放弃，也就是说幼儿开始有意识地决定做什么或不做什么。幼儿表现出较强的自我控制的需要与倾向，“让我来做”成了这一时期幼儿的主流话题。幼儿渴望自主，渴望按自己的想法去做事情。因此，在可能的情况下，父母应允许幼儿自由活动，并以各种形式对他们的自主性和独立性表示认可和赞扬，以帮助他们建立自信心。相反，如果这个时期父母对幼儿的行为干涉过多，甚至支配他们的一切活动，幼儿将对自己的行为或自身产生羞怯感，从而影响他们身心的健康发展。

3~6 岁是学龄初期，这一阶段的主要发展任务是形成主动性，克服内疚感。在这一时期，如果幼儿表现出的主动探究行为受到鼓励，幼儿的主动性就会得到进一步发展，表现出很大积极性与进取心，这会为他将来成为一个有责任感、有创造力的人奠定基础。如果成人讥笑幼儿的独创行为和想象力，那么幼儿就会逐渐失去自主性，这使他们更倾向于生活在别人为他们安排好的狭窄圈子里，缺乏自己开创幸福生活的主动性。当幼儿的主动感超过内疚感时，他们就有了勇于追求个人目标的品质。

清单保教标准强调基于婴幼儿每一阶段的核心发展任务，给父母和教师设计了一套规范的操作要领，帮助婴幼儿化解每一阶段的危机，并建立健全其人格。只有这样，婴幼儿才能逐步培养自我意识，主动地适应环境，并成为一个成熟的社会人。

三、布朗芬布伦纳的生态系统理论

美国问题学前儿童启蒙计划的创始人布朗芬布伦纳认为，环境系统因素是影响婴幼儿发展的重要的因素之一，尤其在 3 岁之前。布朗芬布伦纳的生态系统理论认为个体的发展与周围的环境之间构成了四个系统，即微观系统、中层系统、外层系统、宏观系统（见图 3-1）。

①微观系统：指个体亲身体验到的并与之有着紧密联系的环境，如家庭环境、学校环境等。在微观系统中，每一个因素都会对个体的发展产生积极或消极的影响。如不同的家庭对婴幼儿的教养方式不同，婴幼儿个体发展的状况也就会不同。比如面对饥饿哭闹的婴儿，父母能否给予积极回应，带给婴儿的感受是不同的，得到积极回应的婴儿一般更容易与父母建立信任关系，从而获得更好的情绪体验。

②中层系统：指个体会受到两个或两个以上微观系统的相互关系的影响，如学校与家庭之

间、家庭与邻居之间的相互联系等。各个微观系统之间积极的配合及良好的互动，如父母和教师之间、邻里之间建立的良好关系等，会有效地促进婴幼儿身心的健康发展。

③外层系统：指在个体成长过程中，一些对个体产生直接或间接影响的因素系统，如父母工作单位的管理制度、同事关系、劳动时间和强度，当地的教育政策等。这些看似离婴幼儿很遥远的环境，实则也会影响婴幼儿的发展。

④宏观系统：指个体成长过程中所处的整个社会环境及其意识形态背景，如社会的结构、政治、经济、文化、法律等，以及现代人们所拥有的价值观、生活方式、教育观念等。这些也会对婴幼儿的发展产生影响。

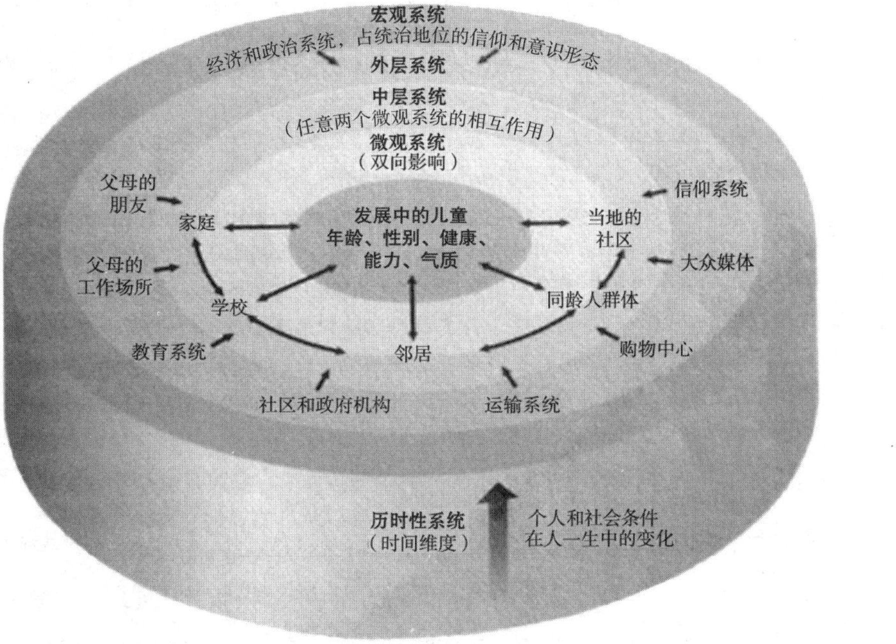

图 3-1　布朗芬布伦纳的生态系统理论

布朗芬布伦纳的生态系统理论强调个体发展不仅受单一系统的影响，还会受到各系统之间的交互影响，同时还关注到所有系统影响皆有其时限性，也就是说该系统是一个历时性系统。因此对婴幼儿的教养要关注家庭、学校、社会环境中的各种因素，这也是托幼机构应该关注的重要内容。保教清单要点里特别强调了环境系统及看护人的行为一致性，这也属于潜课程的一部分。

四、多元智能理论

哈佛大学霍华德·加德纳教授所提出的多元智能理论已经被广泛应用，他在《智能的结构》一书中，首次提出多元智能理论的基本结构。他认为，人类的智能至少包括八个方面，后来增加到九个，具体内容如下：

①语言智能：指听说读写能力，表现为个人能够顺利而高效地利用语言描述事件、表达思想并与人交流的能力。②逻辑—数学智能：指人有效运用数字和推理的智能，表现为喜欢提出问题并寻找事物的规律及逻辑顺序等。③空间智能：指人对色彩、线条、形状、形式、空间及它们之间关系的高敏感性，感受、辨别、记忆、改变物体的空间关系并借此表达思想和情感的较强能力。④身体—动觉智能：指善于运用身体动作来表达想法和感觉，以及运用双手灵巧地生产或改造事物的能力，表现为能够较好地控制自己的身体，对事件能够做出恰当的身体反应，以及善于利用身体语言来表达自己的思想。⑤音乐智能：指人敏感地感知音调、旋律、节奏和音色的能力，并通过作曲、演奏和歌唱等表达思想的能力。⑥人际关系智能：指与人相处和交往的能力，包括组织能力、协商能力、分析能力等。⑦内省智能：指有效的自我认知能力，能正确把握自己的情绪、意向、动机、欲望，对自己的生活有规划。⑧自然探索智能：可进一步归结为探索智能，包括对于社会的探索和对于自然的探索两个方面。⑨存在智能：指人们表现出的对生命、死亡和终极现实提出问题并思考这些问题的倾向性。

每个婴幼儿的智能发展都是不同的，而这些智能在生活中通过不同的结合方式，以完成不同的任务。托幼机构需要为婴幼儿提供安全、适宜、有序的环境，让婴幼儿有多种体验的机会，以满足其多元智能的发展。

五、蒙台梭利教育理论

蒙台梭利认为儿童的心理主要有以下两个特点：

一是具有吸收力。儿童具有一种天然的、强烈的内在能力和不断发展的积极力量，就像海绵吸水一样，能持续地从环境中吸收感觉信息。儿童这种有吸收力的心理发展经历了两个不同阶段：无意识吸收心理阶段和有意识吸收心理阶段。处在无意识吸收心理阶段（0~3 岁）的儿童，通过看、听、闻、尝、摸物体，在神经系统中吸收、存储了对各种物体的反应记录，使视觉、听觉、嗅觉、味觉和触觉等感官得到了发展。处于有意识吸收心理阶段（3~6 岁）的儿童，开始对环境中的刺激信息进行选择和存取，从而促进了感觉器官对未来刺激的定向性反应及发展。

二是儿童的心理发展具有敏感期。即在某一时期，儿童对一定物体或某种练习活动特别感兴趣，并且很容易习得，但错过了这一时期，则往往事倍功半，甚至徒劳无功。蒙台梭利认为儿童从出生到 5 岁是感觉的敏感期，从出生到 6 岁是动作的敏感期，从出生后 8 个星期到 8 岁是语言的敏感期等。同时蒙台梭利鼓励儿童自我约束和独立探索，这也要求教师为儿童提供简单而丰富的环境，做到关注而不打扰，让儿童在互动中完成自我纠正，并通过反复的操作完成自我教育。

六、课程关系

在所有托幼机构的教学活动中，课程都是由三个部分组成的：显课程、潜课程、微型课程（见图 3-2）。①

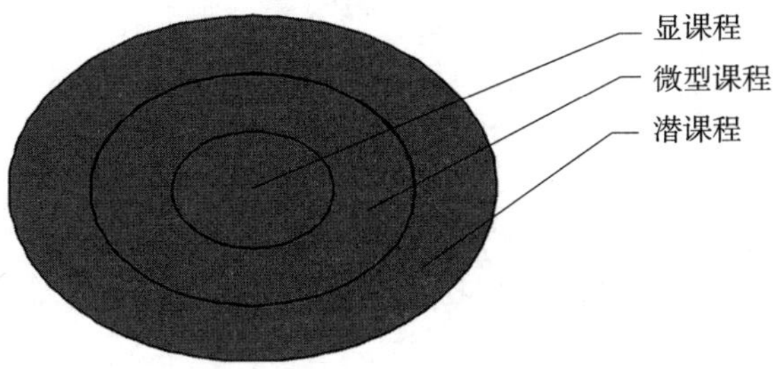

图 3-2　课程关系图示

（一）显课程

显课程指托幼机构的课程体系及特色课程。如有的机构采用的是蒙台梭利教学体系，有的机构采用的是高瞻课程教学模式等。

（二）潜课程

潜课程指那些没有被明确列入课程体系，但却会对婴幼儿的身心发展带来影响的课程，如托幼机构的环境设计、管理规章、师幼关系等。清单保教关注潜课程的重要性，在设计中注重以下几个方面。

①教师之间的关系：教师行为的一致性，会营造良好的氛围，有利于婴幼儿养成良好的生活习惯，也会让婴幼儿更加有安全感。

②班级管理和指导：清单为教师提供了一日生活不同环节中分工与合作的详细要点，虽然分工不同，但教师的目标是一致的——给婴幼儿创造安全、适宜、有序的活动环境，并营造轻松愉快的生活氛围。

③教师引导的方式：在婴幼儿进行活动时，合理的引导方式可以激发其探索欲望，不合理的方式则会阻碍其学习的兴趣。

④课程设计方案：如不同的婴幼儿性格不同，完成活动的方式不同，针对不同的婴幼儿是否有个性化的方案？如何做到既不打扰婴幼儿的积极性，还能让婴幼儿有准备地结束当下的活动？让婴幼儿感受到被尊重是课程设计方案的重点。

---

① ［美］Carol E.Catron & Jan Allen：《学前儿童课程——一种创造性游戏模式》，王丽译，北京，中国轻工业出版社，2002。

⑤室内环境及区角：教师应该给婴幼儿准备5~8个区域，满足婴幼儿多方面能力发展的需要，并要保证环境安全、适宜和有序，同时方便婴幼儿进行自主活动。

⑥行为规则：教师在教学中应该强调活动规则，即便是婴儿也要告诉他们规则。教师应该给予3岁之内的婴幼儿选择的权力，长期这样做的目的是让他们养成自我约束和自我管理的习惯。

⑦安全防范：对婴幼儿生命安全的尊重，包括强调环境安全及安全意识。任何时候都要保证婴幼儿在教师的视线范围之内，并及时给予他们需要的帮助。

⑧家园共育：强调教师和家长之间的关系是重要的潜课程之一。包括和家长沟通的方式、家长会的形式、家访的方式等。及时有效的沟通，可以提升学校的信誉。

（三）微型课程

微型课程主要指在一日生活中的过渡环节如排队如厕、等餐时利用朗读儿歌、手指谣等形式，使婴幼儿有事可做。微型课程是课程的链接部分，是重要的教学部分。微型课程让婴幼儿在过渡环节有事可做，避免发生拥挤或者推搡等不当行为，同时让婴幼儿学会自我约束和等待，培养婴幼儿的自我管理能力。

第四章　清单保教的心理学基础

一、0~1岁婴儿的特点及发展需求

（一）0~1岁婴儿的特点

从生理心理发展来讲，0~1岁是婴幼儿发展最快的阶段，也是婴幼儿发展情感依恋关系的重要阶段，我们能明显感受到的就是其运动能力的发展，如“三翻六坐八爬”，婴儿的身体越来越灵活。0~1岁婴儿的特点具体表现在以下几个方面：

1. 从会发元音、辅音到更多的音

一般3个月之内的婴儿会发出“o”“a”等元音，6个月后会发出如“ma～ma～”“ba～ba～”等简单的音节。如果父母积极回应，就会激发婴儿发出更多的音。这种互动会激发婴儿通过肢体动作（如微笑、挥动胳膊、踢腿等）来表达自己愉快的情绪，对婴儿的语言和情感发展有很好的作用。

2. 运动从被动活动到主动活动

一般3个月之前的婴儿以无意识的活动为主，表现为肢体活动的不协调性，而4个月后的

婴儿会主动用手去碰周围的东西。通过反复的活动积累经验，婴儿逐渐把自己的动作和行为联系在一起，主动活动的兴趣逐渐增加，尤其能爬行以后，婴儿就像是一个探险家，还会爬到犄角旮旯去“探险”。在托幼机构里，要特别注意那些潜在危险因素对婴儿的危害，如玩具柜里、桌子下面凸起的螺丝钉等。

3. 喜欢清晰的图片和熟悉的音乐

婴儿会比较专注地看清晰的图片，尤其是自己喜欢的图形，也会专注地看自己喜欢的玩具，尤其 6 个月后的婴儿具有一定的追视能力，会喜欢运动着的玩具。婴儿在手中的玩具掉到地上时会主动寻找，对喜欢的儿歌、音乐也会专注地听或摇晃自己的身体，有时安静的古典音乐也会让婴儿安静下来。

4. 对父母形成依恋

0~1 岁是建立情感信任感的关键阶段，信任感是安全感的基础。婴儿的信任感是通过父母对其日常生活的照顾建立起来的，因此父母最好能亲自照顾孩子，并且不要频繁地更换居住场所。

5. 通过吮吸探索周围的事物

吮吸手指是 0~1 岁婴儿探索自己的身体和周围环境的重要方式。婴儿吮吸手指或玩具的行为告诉我们，应该为其添加辅助食品了，但一定掌握好增加的节奏、频率、质量和数量等。吃饭是后天习得的行为，若过渡得好，就能避免形成不良的饮食习惯。目前我们都在关注食育，其实食育不仅是吃和营养，还要让孩子感受到生命的成长和对生命的敬畏。这部分内容渗透在清单保教的进餐环节。

6. 害怕陌生人

8 个月的婴儿就有了自己独立的欲望，如爬行到自己想去的地方，用手去抓饭或者餐具等。父母要给婴儿提供这种体验的机会，这是婴儿成长必须经历的事情。6 个月的婴儿开始表现出不喜欢陌生人，这也是婴儿最初的自我保护意识，这时父母不要轻易把婴儿交给陌生人看护。

（二）0~1 岁婴儿的发展需求

1. 关注婴儿出生后的需要

首先思考一个问题：世界上最难走的路是什么？这个问题可能有很多答案：雪山、沼泽、戈壁、沙漠等。有人说其实世界上最难走的路是我们在出生的过程中所走的路——妈妈的产道。这 20 厘米左右的路程，我们一般要走十多个小时。

婴儿出生之前的生存环境是什么样的呢？他们生活在妈妈柔软的子宫里，这里温度适宜，没有刺眼的光线及刺耳的声音。当婴儿从一个温暖、舒适、安全的环境里，经过漫长艰辛的历程来到一个完全陌生的世界时，环境瞬间发生了巨大的变化，光线刺眼、人声嘈杂。婴儿出生后需要安全的环境，更需要父母的关爱，并要满足他的如下需求：

生理方面：舒适的小床和衣服，足够的食物，满足基本的生理需求；

心理方面：安全及情感的需要，妈妈的照顾可以帮助婴儿建立安全健康的依恋关系；

感官方面：视、听、味、嗅、触等丰富的感官刺激，满足婴儿探索性的需求；

社会方面：父母要与其交流，建立最初的交往体验等。

婴儿出生后从一个生物的个体，逐渐成长为社会的个体，其要适应未来的环境，因此家长需要满足其生理、心理的需要，并给予视、听、味、嗅、触觉等各种感官刺激，以满足其生长的需要。

（1）建立和谐的亲子关系

埃里克森的理论研究表明，0~1岁是婴儿发展安全健康的依恋关系的关键阶段。安全健康的依恋关系是婴儿与父母之间的一种积极的情感体验。安全健康的依恋关系对婴儿安全感的建立及心灵的健康发展有重要意义。

目前强调母乳喂养的重要性，很大程度上也是强调新生儿需要妈妈的陪伴，当然这也需要爸爸的支持。研究表明，婴儿是通过和父母的互动，来确定自己的需要和自己是一个什么样的人的。婴儿对情绪的感知非常敏感，父母的情绪也会影响到婴儿的情感和行为。这就需要托幼机构的教师了解父母和婴儿的互动模式。如每天互动的时间和方式，包括父母是如何对孩子说话的，当孩子哭闹时父母的回应方式等。

（2）坚持母乳喂养

母乳喂养的好处大家都非常了解，所以有条件的妈妈一定要坚持母乳喂养。虽然很多到托幼机构的婴儿不能每天和妈妈在一起，但也要鼓励妈妈坚持母乳喂养到婴儿1岁，因为母乳喂养的意义不仅是解决婴儿饮食的问题，还在于建立其健康的依恋关系，从而为孩子情感的健康发展打下良好的基础。母乳喂养行为只有妈妈自己才能进行，而奶瓶喂养是其他任何人都可以代替的，这样来看，奶瓶喂养就可能减少孩子和妈妈接触的次数。妈妈在母乳喂养过程中的爱抚，会帮助婴儿建立良好的信任关系，这种信任关系有利于婴儿成长中社会情感的发展。

世界卫生组织和联合国儿童基金会的调查显示，4~6个月纯母乳喂养的婴儿患病的概率比代乳品喂养的婴儿低。世界卫生组织和联合国儿童基金会把母乳喂养作为挽救儿童生存的四大战略之一。1992年我国在全国范围内开展爱婴医院和爱婴病区活动，鼓励母乳喂养的比例要达到80%以上。为了孩子身心发育健康，呼吁全社会关注和支持母乳喂养。

2. 及时添加辅助食品

0~1 岁是婴儿的口欲期，尤其是 4~8 个月，是婴儿味觉发育的关键期，这个时期也是婴儿口腔肌肉协调发展的关键期。对这一时期的婴儿来说，口腔是最敏感的部位，他们会把所有拿到的东西都放到嘴里尝尝味道。婴儿的这种行为提示我们应该给他添加辅助食品了。添加辅助食品能锻炼口腔肌肉的协调功能，为今后的咀嚼和语言能力发展做准备。因此，给婴儿添加辅助食品应该在 6 个月左右，不能晚于 8 个月。即使妈妈的母乳很充足，也不能满足这时婴儿的生长需要。吃是后天习得的行为，如果添加辅助食品不及时，就可能影响婴儿的口腔肌肉发展和吞咽功能的协调性锻炼，还可能造成后续吃饭时吞咽困难，甚至影响孩子的饮食习惯。

3. 温和地回应婴儿的需求

我们都喜欢看到婴儿微笑和兴奋的表情，从婴儿的情绪中获得成就感。由于 0~1 岁的婴儿还不会用语言来表达自己的需求，因此哭闹是婴儿最常见的表现。婴儿饿了、困了、冷了、热了、需要抱时都会通过哭来表达需求。这就需要父母准确快速地做出判断和回应。

研究表明，如果婴儿的哭闹能够得到及时回应，那么他们的哭闹行为就会减少；如果婴儿的哭闹不能得到及时回应，那么他们就更容易使用哭闹作为他们表达感情的方式。但也有人说，如果孩子一哭就回应会娇惯孩子，孩子以后会经常使用哭闹来表达自己的需求。

我们都在讨论孩子哭的时候该不该安慰，而没有考虑如何安慰对婴儿才是积极有效的。如心平气和地回应会让婴儿获得安全感，也是最有效的；而着急或者焦虑地回应会让婴儿缺乏安全感。因此在日常照看过程中，可以参考以下方法，以减少婴儿哭闹或者给予哭闹的婴儿足够的安全感。

①及时回应：婴儿哭闹时一定要及时回应，以培养婴儿的信任感和安全感。

②语气语调温和：说话时声音不要太大，要温和地对婴儿说话，这就是接纳婴儿的感受，是最好的回应，对大一点幼儿也应该如此。

③走近婴儿时再说话：不要在距离婴儿比较远的地方喊话，比如：“不要哭，怎么又哭了！”这种表达会带有责备的情绪，容易使婴儿缺乏安全感。

④保持情绪稳定：稳定的情绪会让婴儿获得安全感，减少哭闹。

⑤了解婴儿的个性特点：外向型的婴儿喜欢变化，内向型的婴儿喜欢安静。

⑥关注高需求的婴儿：这种类型的婴儿喜欢经常性的安慰和抚摸。

⑦有的婴儿会在入睡前哭闹，这时可以给他做一下抚触放松，让他听听熟悉的音乐，使他感觉到安全，从而有助于入睡。

4. 关注生活习惯的培养

托幼机构清单保教的标准就是帮助教师引导婴儿在什么时候做什么事，让婴儿过有计划的生活，让他们的生活变得有规律和有秩序，这对于其良好习惯的养成非常重要。清单保教标准要求教师在婴幼儿托幼机构时按照规范标准接待他们，并引导他们插体检卡、更换衣服，然后进入早餐、早间分享、区域活动、户外活动等环节，让婴幼儿适应这一生活流程。在和婴儿的互动过程中可以告诉他们正在做的事情，当然这需要教师提前准备好环境和需要的物品，比如在哪里换尿布，玩具放在哪里婴儿更容易看到或者方便婴儿随时拿到，使用玩具筐把东西分类放置，让物品摆放有秩序等。清单保教标准特别强调有秩序的环境有利于孩子良好习惯和自我管理能力的养成。同时教师要告诉家长需要遵守的家庭清单与要点，因为家园一致才有利于孩子行为习惯的养成。如下面是关于良好睡眠习惯养成的一些方法和要点。

研究证实，孕妇的作息确实能对婴儿产生影响，妈妈在孕期就应该养成良好的睡眠习惯。托幼机构在婴儿睡觉时应做到以下几点：

①播放轻松的有助于睡眠的音乐，音量适宜，让婴儿逐渐平静下来。音乐不要经常变化，频繁地更换音乐不利于婴儿记忆和判断。

②睡前避免剧烈运动。

③房间的温度要适宜。

④房间不要有太强的光线，要经常通风，保持空气新鲜。

婴儿有自己的睡眠启动模式，有的婴儿每次睡觉前都会哭闹，这时一定不要抱着婴儿不停地拍和摇，这样不利于其养成良好的睡眠习惯。比较有效的方法就是允许他哭一会儿；安抚婴儿时要心平气和，婴儿会慢慢安静下来；利用抚触帮助婴儿快速进入睡眠模式。

婴儿的睡眠时间有个体差异，这在托幼机构非常常见，有的婴儿睡觉时间长，有的时间短，并且不同的婴儿可能不在同一时间睡眠，这就需要教师尊重每个婴儿的睡眠习惯，重要的是让婴儿养成合理的作息习惯，并遵守这一作息习惯。当然也要和婴儿的父母沟通睡眠习惯养成建议，最好做到家园一致。

现实生活中很多家长咨询：婴儿不含着奶瓶或者安抚奶嘴就会哭闹、不肯睡觉，怎么办？这种习惯其实都是家长养成的。婴儿原本可以安静地睡觉，并不需要嘴里含着东西。一些家长为了防止婴儿的哭闹带来麻烦而给他们奶瓶或奶嘴，长期这样做会使婴儿形成不良的口唇依恋，还会影响其未来的行为习惯，如咬指甲或者咬口唇等，甚至会影响其学习时的专注力。

我们可以参考以下方法，帮助婴儿改掉含着奶瓶或者安抚奶嘴睡觉的习惯。第一，在睡觉之前可给婴儿做身体和口唇抚触，帮助其很好地入睡。第二，对已经养成习惯的婴儿，不要强迫其立即改掉，要逐渐过渡，如每天减少使用的时间，再减少使用的次数，这一期间可以适当给婴儿做口唇按摩等。据我们实验的经验，一般25天左右婴儿就可以完全脱离奶瓶或安抚奶嘴。不管使用什么方法，重要的是坚持，因为婴儿的习惯源于重复的行为，所以改掉不良习惯也要重复和坚持。

二、1~2岁幼儿的特点及发展需求

（一）1~2岁幼儿的特点

1. 能进行简单的语言表达，会拒绝

1岁半左右的幼儿往往会重复我们说的一句话的最后一个字。比如，我们说“我们去公园玩吧！”幼儿会说“玩”，就是去公园玩的意思。又如，你问幼儿：“你要喝水吗？”他说“水”，就是喝水的意思。这种回答好像是家长说话的回音一样。这一阶段大部分幼儿会使用简单的语言表达自己的需要，但表达不准确，而且经常说“不”，你对他说什么，他都会回复“不”。这一阶段的幼儿在生活中表现为以自我为中心，常按照自己的想法做事情，这个时候应该给他们建立最基本的规则，以利于其良好习惯的养成。

2. 喜欢到处“溜达”

这一阶段的幼儿喜欢到处“溜达”，这种情况可持续到3岁左右。他们通过活动体验自己的身体能力，尝试解决问题，以探索周围的环境。这时要特别注意环境的安全性。

3. 专注地探索

这一阶段的幼儿有个名字叫“工作着的宝宝”，他们常常闲不住，对自己喜欢的事情比较专注，而且总会拿到我们意想不到的物品。所以要给这一阶段的幼儿准备适宜安全的环境。

4. 尝试理解规则

这一阶段的幼儿开始出现规则意识，我们可以尝试建立规则，如让幼儿等待。如果等待的时间较长，他们就会失去耐心，所以当需要等待时，可给幼儿安排一定的事情，如说一个手指谣、原地蹲下站起等，或告诉幼儿大概的时间，5分钟或3分钟，虽然他不知道这些时间的精确长度，但这样会让其有心理准备。当幼儿感觉能够把控自己的生活时就会主动遵守规则。

5. 喜欢模仿

这一阶段的幼儿喜欢模仿家长，看到大人做什么，他就要做什么，并会反复地说“我来，我来”。托幼机构可以安排值日生，在家庭生活中，父母也可以安排给幼儿一些力所能及的事情，让幼儿在活动中熟悉空间分配，发展幼儿的空间智慧。这一阶段的幼儿喜欢闻“歌”起舞，听到音乐就会扭动自己的身体，通过表演满足自己的需要。

（二）1~2 岁幼儿的发展需求

1. 给予选择，建立规则

帮助幼儿建立规则最简单有效方式是：在什么地方做什么事，在什么时间做什么事。托幼机构的清单要点，就是帮助教师引导幼儿建立规则的简单有效的工具。针对 1~2 岁的幼儿建立规则的方式应该是给予 1~2 项选择，比如，“你是吃饼干，还是吃苹果？”“你是收拾玩具架，还是看绘本？”可选择的项目最好是设计的活动之内的，也就是在教师可控范围之内。这种做法可以帮助幼儿清晰地判断自己的需要，同时逐渐建立规则意识，还能让幼儿理解要做完一件事再做另外一件事。

要及时制止幼儿的不良行为，明确告诉他们应该做什么，同时给幼儿正确的示范，而不是告诉幼儿不应该做什么。不要给这个阶段的幼儿讲道理，过多的说教和评价会影响幼儿的自我判断。更不能训斥幼儿，经常被训斥的幼儿会模仿成人的行为，经常的训斥会使幼儿感觉到恐惧，从而影响其情感发展。

2. 通过互动体验重要性

生活中可以遵守以下的方法，让幼儿体验自己的重要性：

①蹲下来：看着他的眼睛，让幼儿感受到被尊重。

②微笑地看着幼儿：微笑会让幼儿更加自信。

③叫他的名字：让幼儿感受到你是在对他一个人说话，从而感受到自己的重要性。

④传递力量：温和而坚定的语言，既能让幼儿感受到温暖，还会传递力量，增加幼儿的自信。

⑤轻轻地抚摸：和幼儿在一起时可以抚摸其头部和后背，或拍拍肩膀，这些都能让幼儿感受到特别的温暖。

⑥专注地听不打断：当幼儿和你说话时，停下手中的事情，专注地听幼儿说完，不打断、不评价，以便给予幼儿需要的支持。

⑦不要轻易发脾气：面对 1~2 岁幼儿制造的混乱局面，也不要轻易发脾气。要接纳幼儿的行为和表达方式，这样能激发幼儿说的欲望，同时让幼儿确认自己的感觉是正确的。

⑧分享增加成就感：和幼儿说他们感兴趣的、能理解的东西，分享做事情的过程，让幼儿体验成就感。

3. 接纳幼儿的脾气

2 岁的幼儿发脾气是很正常的。幼儿刚刚会说“你”“我”“他”，但还不能分清真正意义上的“你”“我”“他”的关系。许多事情超出了他们的能力范围，所以他们就会经常发脾气。

2 岁幼儿发脾气的常见原因有以下情况：

①过度看护：限制太多，担心幼儿受伤或弄坏东西，不让幼儿随便走动或和其他小朋友一起玩。

②语言表达能力有限：这一阶段的幼儿不能把自己的需要说清楚，也不知道如何获得他人的帮助。

③家长的有效陪伴比较少：家长没有时间陪幼儿玩耍，或者陪伴时不够专注。

④环境混乱：幼儿找不到自己喜欢的玩具，也很难专注地做自己喜欢的事情。

⑤经常被强迫做自己不喜欢的事：比如让幼儿在他人面前表演儿歌或舞蹈等，这些行为也会引起幼儿的反感。

⑥经常被打断：幼儿正在专注地做自己喜欢的事，家长随意打断幼儿，如立即带幼儿外出或立即吃饭等。

⑦消极的情绪不被接纳：当幼儿发脾气时，被家长严厉地制止，即家长不允许幼儿发泄自己不愉快的情绪。

⑧培养的坏脾气：幼儿一哭闹家长就满足，从而形成了固定的互动模式，因此幼儿经常通过发脾气以满足自己的需求。

⑨学来的脾气：幼儿会模仿成人的脾气。

发脾气是这一阶段的幼儿成长过程中的特点，不是幼儿的问题，如果我们了解幼儿的特点，就不会焦虑，还会给予幼儿需要的支持。清单要点提供了让幼儿过有计划的生活的方案，如活动结束时有效的预警、准备安全有序的环境等，这些简单有效的措施，可以大大地降低幼儿发脾气的概率。

4. 理解幼儿的叛逆

幼儿的叛逆证明幼儿希望独立，是其成长的标志。幼儿叛逆的主要原因如下：

①运动能力提高了：这一阶段的幼儿喜欢跑、跳、爬到高处等，他们想展示自己的能力，即使完成不了也要试试，不去判断是否有危险。

②精力旺盛：这一阶段的幼儿精力充沛，什么都想试试，好像感觉不到累，也感觉不到饿。

③自我意识强：这一阶段的幼儿希望按照自己的想法去做事情，不希望受到限制，从而经常做出一些叛逆的行为。

④经常有情绪：由于这一阶段的幼儿能力有限，因此很多事情达不到自己的目标，而一旦没有完成目标，幼儿就会发脾气。

幼儿叛逆的本质是要求独立，了解了这个特点，我们就要给幼儿提供体验的机会，以满足幼儿独立的要求。如在托幼机构可以让幼儿轮流做值日生，当然这个过程需要教师的帮助和支持。提醒家长在家里让幼儿做力所能及的事情，如整理自己的玩具角、自己的小书包等。在安全和符合规则的前提下，让幼儿自己体验和自我纠错。

5. 有序的空间利于幼儿自我管理

清单要点为托幼机构提供了区域材料及区域环境的参考，每个活动室至少有 5~8 个活动区域，每个区域有一定数量的玩具及材料和相应的玩具筐，方便幼儿取放和整理，同时满足幼儿综合能力发展。家庭也要给幼儿准备一个独立的区域，空间不需要太大，只要幼儿能坐下玩自己的玩具就可以。合理的空间有利于培养幼儿的专注力。活动结束后家长要和幼儿一起整理，保持玩具角整洁。在幼儿的活动区域准备 2~3 层的开放式玩具架，不仅能让空间利用最大化，且利于幼儿的日常整理，这对于幼儿生活自理能力的培养很重要。比如：

①娃娃家玩具筐：几乎所有的幼儿都喜欢在娃娃家玩各式各样的瓶瓶罐罐和盘子、铲子等，还喜欢娃娃和娃娃床等，因为这些贴近幼儿的生活。

②积木玩具筐：包括不同种类的积木和能与积木搭配玩耍的木偶、拼图等小件玩具，比如动物积木、能拼装和拆散的带零件的玩具等，这些玩具可以启发幼儿的创造力。

③绘本图片箱：包括方便幼儿阅读的绘本书或图片书。

④美工创意箱：包括纸、水彩笔、颜料和橡皮泥等，让幼儿随意涂鸦，从而启发其想象力。

⑤户外活动箱：包括可供户外用的小提桶、小铲子、勺子、塑料碗等，供幼儿玩水和沙子等。

给予幼儿适当的空间和一定数量的玩具筐，既容易保持环境的整齐整洁，还能方便幼儿整理。如果在箱子外面贴上标签，告诉幼儿里面装的是什么，长期下去，幼儿就会知道每个箱子里装有什么玩具，还有助于其养成分类整理的良好习惯。

三、2~3 岁幼儿的特点及发展需求

（一）2~3 岁幼儿的特点

1. 自言自语

这一阶段的幼儿比较喜欢自言自语，但并不能把自己的想法表达清楚，他们的自言自语是在练习语言的逻辑。如果问幼儿说的是什么呀，他会对着你笑，有时幼儿自己也不知道自己说的是什么。

2. 不知疲倦

这一阶段的幼儿喜欢跑来跑去，喜欢到处走走、摸摸、看看，他们在运动中确定自己和环境的关系，有很强的探索欲望。幼儿喜欢在熟悉的环境里反复玩一种游戏，幼儿重复的过程就

是总结经验的过程。

3. 喜欢有规律和有秩序的生活

这一阶段的幼儿喜欢有规律的生活，如果父母能平静地告诉他们一天的活动计划，他们会很好地配合。这一阶段的幼儿有时会坚持自己做事情，拒绝大人的帮助，如自己脱鞋或脱袜子，把物品放在固定的位置，这也是幼儿秩序感发展的表现。托幼机构的清单保教标准就是为幼儿提供有规律、有秩序的生活的客观保障。

4. 喜欢黏着父母

这一阶段的幼儿喜欢黏着父母，表达对父母的需要，如有的幼儿在入睡时躺下后又爬起来，一会儿喝水，一会儿上厕所，但实际上他不一定需要这些，而只是通过这些行为来与父母互动。这一阶段的幼儿活动比较多，但体力有限，因此喜欢反复听故事来放松自己。这一阶段的幼儿喜欢和小朋友一起玩，往往有交往方式不当的行为，如打人等。他们喜欢模仿大孩子的活动，但并不加入活动，而是自己在一边玩，同时观察他人的行为，待他确认安全时就会积极加入。

5. 想象力有所发展

喜欢随意涂鸦是这一阶段的幼儿的特点，在这一阶段的幼儿眼里到处是画板，如地面、墙面、床单等。涂鸦可以让幼儿更好地发展其空间知觉。这一阶段的幼儿喜欢玩组合玩具，有时会把自己垒高的玩具推倒，然后再重建，体验各种的玩法。这一阶段的幼儿还会创造很多好玩有趣的活动，如使用夸张的语言或穿大人的衣服变成夸张的形象逗笑大家等，这些都是幼儿想象力得到发展的表现。

（二）2~3 岁幼儿的发展需求

1. 给幼儿责任性授权

如果幼儿在家庭生活中不懂得承担责任，那么以后就可能无法承担社会赋予他的责任。在日常生活中，我们可以根据幼儿的能力让其做自己可以完成的事情，例如，让 2~3 岁的幼儿尝试帮助家长做家务等。在刚开始做事情的时候家长可以协助幼儿完成，然后逐渐过渡到幼儿独立完成，在这个过程中幼儿逐渐体会到自己的责任和义务。托幼机构可以有计划地让幼儿轮流做值日生，且准备好值日生的胸牌和袖章或者其他标识，这时幼儿会非常认真地履行自己的责任。教师会发现，不管是哪个幼儿带上值日生的标识后，都会变得非常自律，如遵守规则、耐心等待等。

给幼儿责任性授权，就是要让幼儿对自己的事情负责。在这个过程中需要给予幼儿鼓励，而不是单纯地监督，因为监督本身就是对幼儿的一种不信任；而鼓励首先是相信幼儿的能力，并接纳幼儿的行为，同时关注幼儿做事情的过程。因为幼儿的能力有限，做事情较慢，有时需要重复，也会出现错误等，这也是幼儿成长必须经历的过程，我们不要以成人的经验去评价幼儿的行为。幼儿只有通过不断地实践，才能提高自己的责任意识，这也是幼儿对于责任感的真实体验。抱怨和批评只会打击幼儿的积极性，甚至导致幼儿逃避责任。如果幼儿觉得永远达不到标准时，就会放弃努力。

2. 尊重幼儿的选择

让幼儿学会在多种选择中做出决定，可以帮助幼儿更好地了解自己的需要。清单保教标准就是通过规范教师的教学行为，来尊重幼儿的选择的。

例如，让幼儿自己决定吃多少饭。针对这个问题相信大家一定会有疑惑：幼儿怎么会知道自己吃多少呢？现实生活中的研究和经验告诉我们，幼儿是知道自己吃多少饭的，当然这需要我们给幼儿营造良好的进餐氛围，避免影响幼儿好好吃饭的不利因素。

又如，让幼儿决定怎么玩玩具，原则是怎么玩让幼儿说了算，教师和家长只是协助者或者观察者。如果幼儿没有求助，就不要去指导，允许幼儿按照自己的方式玩，也就是做到关注但不打扰。

当幼儿们发生冲突时，不要训斥，应该和幼儿讨论解决问题的方案。在我们指导的近 2000 个案例的跟踪反馈中，90% 以上的家长反映，讨论的方式改变了他们的家庭关系。3 岁之内给予选择权（提供 1~2 个备选项目），3 岁以后给予讨论权，因为 3 岁后的孩子可以说出自己的想法。在不违反原则的情况下，允许幼儿按照自己的想法尝试，失败了也没有关系。父母应该成为孩子最有力的支持者，并且始终告诉孩子这一点。

不要强调幼儿一定听话，对幼儿的成长来说，遵守规则比听话更重要，但要记住，规则是约束大家的，而不是只针对幼儿，因此父母的良好行为永远是孩子的榜样。

避免当着幼儿的面说一些消极的话，以免伤害幼儿的自尊心。我们需要换一个角度来看待孩子的成长。

3. 养成好习惯

幼儿长大后的各种习惯，都有小时候家庭生活的烙印，我们能从幼儿的表现中找到其家庭生活的影子。

良好的习惯要从小养成。在幼儿的成长过程中，预防问题出现比出现了问题再去纠正要容易得多。习惯源于重复的行为。有资料显示，一种行为养成习惯需要坚持 28 天，如果坚持 66 天就会成为一种自然行为。托幼机构清单中就强调了重复的行为，即环境秩序的重要性，其有利于幼儿行为习惯的养成。好的习惯是一种优秀的品质，应该让优秀成为一种习惯。

幼儿的习惯养成从出生就开始了，比如睡眠习惯，幼儿本可以很好地在床上自己安静地睡觉，家长非要抱着，并且不停地拍着，这样就容易养成幼儿必须拍着睡觉的习惯。我们曾经遇到过不少这样的家长，在孩子很小的时候轻轻拍，等长到半岁时就要用大点的力气并要不停地摇晃孩子才能使孩子安静。由此可见幼儿很多不好的习惯都是家长养成的。不好的习惯一旦养成，纠正起来需要很长的时间。

4. 客观看待幼儿间的“打架”行为

从幼儿的发展来看，幼儿间的“打架”行为是一种不恰当的交往方式，但不是我们成人所说的打架，因此要客观看待幼儿间的“打架”行为，重要的是帮幼儿使用合理的语言和行为进行交往或者解决问题。

所谓的幼儿间的“打架”行为经常发生在3岁左右，大多因争抢玩具或者活动中等待的时间太长而发生。通过教师仔细观察并记录的幼儿经常发生的如咬人、推搡等不当行为的原因，我们发现大部分的“打架”行为是由于玩具数量较少、区域活动时太拥挤、过渡环节等待时间太长等造成的。针对这种现象可以采取相应的措施，例如，活动中一定要确保有足够多的玩具，这样就不至于因争抢玩具而“打架”；保证有足够大的玩耍空间，拥挤的环境可能会引起“打架”；过渡环节使用微型课程，让幼儿学会自我管理等。另外，教幼儿学会使用礼貌用语，如“我们可以一起玩吗？”“我可以摸一下吗？”引导幼儿使用正确的语言，给其示范正确的行为，可以有效避免不当行为的发生。

5. 不要强迫幼儿分享

3岁之内的幼儿还不能真正懂得分享。从幼儿生理发展来看，3岁的幼儿还不能完全理解“你”“我”“他”之间的关系，物权意识还不是很清晰。因此我们处理的原则是当幼儿还没有做好充分的准备，没有必要强迫这一阶段的幼儿分享。这一阶段的幼儿是否会分享，和他长大后是否会成为一个慷慨的人并没有直接的关系。

教师在教学活动中，要注意设计适合的活动，并对幼儿进行分组，还要和幼儿讨论怎么玩，也就是制定游戏的规则，同时建立区域规则如“谁先拿到谁先玩”，“在什么时候交换”等。教师可以组织分享环节，当幼儿聚集在一起的时候，更容易体验到分享的快乐，要肯定幼儿的分享行为，让幼儿体验到什么样的行为是可以受到肯定和鼓励的。

如果幼儿从小朋友那里抢玩具，应该问他：“你想和小朋友一起玩是吗？那就要问一下小朋友，我们一起玩可以吗？”当幼儿得到小朋友的允许后，提醒幼儿说谢谢！如果小朋友不允许，就要用另一种有趣的玩具转移幼儿的注意力，切忌给幼儿讲道理，要知道道理是要通过经历的事情逐渐理解的，幼儿则很难理解。所以只有幼儿真正明白了分享的意义，才能懂得和他人分享快乐。

6. 理解幼儿的“不听话”

“这个孩子很听话”，“那个孩子不听话”已经成为我们评价幼儿的口头禅。实际上，我们要培养的是遵守规则的孩子，而不是听话的孩子。著名德国心理学家海查曾做过如下实验：他对2~5岁时有强烈反抗倾向的100名儿童与没有这种倾向的100名儿童做了长期的跟踪调查，结果发现在反抗强烈的儿童中，有84%的人长大后有果断的判断力和坚强的意志力；而在反抗性不显著的孩子中，真正称得上有意志力和判断力的只占24%。生活实践也证明“淘气”的孩子往往比“听话”的孩子更有创造力。

其实幼儿不听话的原因也是多方面的，例如：

①毫无原则地满足幼儿的所有需要：为了避免幼儿哭闹，家长不做任何选择地满足幼儿所有的要求。

②家长对幼儿的要求不一致：同一件事，不同家长的要求不一样，导致幼儿不知道听谁的，不知道如何做。

③限制幼儿的行为：家长不允许幼儿有自己的想法，幼儿感觉被限制，不能按照自己的想法做事。

④带着情绪和幼儿说话：家长和幼儿说话时带有消极的情绪，幼儿会模仿家长的不良行为。

四、3~4岁幼儿的特点及发展需求

（一）3~4岁幼儿的特点

1. 喜欢手舞足蹈地说话

这一阶段的幼儿进入语言使用的关键期，喜欢和他人交流，他们感到通过说话能满足自己的需求，有时还会自言自语。这一阶段的幼儿在说话的过程中，会有辅助的动作，如给家长讲在幼儿园的事情时，幼儿会放下手里的东西，边比画边说。这一阶段的幼儿有时只能记住一句话的后半部分，如新入园的孩子哭着要找妈妈，如果教师说“再哭就不能找妈妈了”，孩子也许就只能记住“不能找妈妈了”，就会哭得更厉害。

2. 兴趣广泛但易受干扰

这一阶段幼儿的认知能力与其行为有紧密关系，他们喜欢到处溜达，触摸身边的一切东西，做事情没有明确的目的，且容易被其他事情所干扰，看到笔和纸就会涂鸦。这一阶段的幼儿非常喜欢音乐活动，听到音乐就会摇晃自己的身体，如在过渡环节使用音乐，他们会很快合着节拍，跟着教师一起活动。这一阶段的幼儿喜欢拆玩具，想知道里面是什么，这些在我们看起来是“破坏性”的行为，却是孩子的探索性行为。

3. 喜欢模仿

3~4 岁的幼儿非常喜欢模仿，好像看见什么就想模仿什么，看见教师拿东西就会拿东西，看到别的小朋友玩汽车，他也要玩汽车，因此教师需要准备丰富的玩具，避免幼儿发生争抢。幼儿还会模仿教师的言谈举止，幼儿不具备鉴别能力，所有的行为都会模仿，所以教师也要注意自己的言行。这是清单保教标准的核心，通过规范教师的教学行为，来塑造幼儿的行为。幼儿的模仿行为与其身体动作能力及认知能力有关，他们会通过模仿逐渐内化成自己的行为习惯。

（二）3~4 岁幼儿的发展需求

1. “告状”的幼儿

幼儿的“告状”并不是真的告状，而是在说自己看见的和感受到的事情，希望得到关注。面对这种“告状”，有以下的方法可供教师参考：

①接纳幼儿的说法，比如：“好的，老师知道了。”

②不评价幼儿说的内容的对错。

③和幼儿分享一下过程：“刚才他都做什么了，还可以怎么做呢？”听听幼儿怎么说。

④使用积极的语言和幼儿说话。

⑤和幼儿说话的时候要蹲下来，看着幼儿的眼睛；说话时要慢、要清晰，必要时重复，让幼儿感受到被尊重。

2. 不喜欢被打扰

当幼儿专注于自己感兴趣的事情时，不喜欢被打扰。如果被打扰，幼儿就会发脾气，甚至摔东西。因此需要给幼儿有准备的环境，同时准备足够的玩具，以下方法可供教师参考：

①保证教室有 5~8 个区域，根据幼儿的年龄和能力进行分组活动。

②保证区域中幼儿的数量不要太多，避免拥挤。

③保证区域玩具和材料足够，最好每人一份，避免发生争抢。

④结束一个活动时，需要教师进行有效的提示，具体方法可以参考清单要点。

⑤允许幼儿按照自己的方式玩。

当幼儿专注做事情的时候，任何形式的打扰都会引发幼儿不愉快的情绪，尤其突然有人加入他的活动，这就需要教师在设计课程和活动的时候，关注到幼儿活动的空间、人数等因素。

3.“破坏”是探索的过程

这一阶段的幼儿会经常拆卸自己的玩具，也会用自己的画笔到处涂鸦，其实幼儿的这些看似是“破坏”的行为并不是故意去搞破坏，只是因为他们对这些东西充满好奇，如想知道小汽车为什么会自己跑？钟表为什么会转？铃铛为什么会响？这些都是幼儿的探索性行为。这就要求我们给幼儿准备好环境和适合的材料。教师可动员家长提供安全的废旧材料，并耐心和幼儿交流。例如：

①收集一些旧的可以拆卸的玩具，分类放在玩具筐，但要确认玩具是安全的。

②给幼儿准备足够大的纸和彩笔，允许幼儿按照自己的想法去涂鸦。

③和幼儿讨论拆卸玩具的过程中他们看到了什么。

④把幼儿的绘画作品展示出来，和幼儿讨论他们的作品。

拆卸玩具和涂鸦的过程不仅是幼儿手、眼、脑高度协调的过程，也是幼儿想象力和思维能力发展的过程。当然也要避免幼儿故意破坏的行为，如故意摔玩具、撕毁别人的作品等。如果幼儿有违规行为，必须清楚地告诉他这是不被允许的，但同时需要思考导致幼儿做出不当行为的因素。

4.精力旺盛的幼儿

这一阶段的幼儿通常精力旺盛，在安全和不违反规则的前提下，要给幼儿提供足够的机会，以满足幼儿的生理和心理需要。需要遵守的原则是：控制环境，不要控制孩子。以下方法供教师参考：

①在活动之前讨论原则，如在什么地方做什么活动、玩具归位等，具体可以参考清单要点制定规则。

②暂时不需要的玩具不要拿出来，避免给幼儿造成干扰从而影响其专注力。

③保证环境安全。

④当希望幼儿遵守原则时，不要给幼儿讲道理，应使用有趣的事情吸引幼儿的注意力。

⑤结束活动时需要有效的提示，同时可以使用微型课程吸引幼儿的注意力。

⑥准备足够的活动，以满足幼儿的运动体验，但要保证安全。

5.不同性格的幼儿表现不同

不同性格的幼儿做事方式不同，比如内向型的幼儿安静，动作比较慢；外向型的幼儿活跃，动作快、想法多。因此我们在清单里特别强调了保教优先原则，也就是尊重幼儿的个性特点。教师在教学中应该掌握用有效的方式引导不同性格的幼儿。例如：

①对外向型的幼儿给予充分的授权，可以让其协助教师完成力所能及的事情。

②内向型的幼儿需要教师的陪伴和支持。

③允许动作比较慢的幼儿按照自己的节奏做事情。

④允许动作快的幼儿进入下一个活动环节，但前提是遵守规则。

除了关注幼儿性格的不同，还要关注同龄孩子发展的不均衡性。幼儿成长受很多因素的影响，如遗传因素、环境因素等，教师需要关注幼儿成长过程中各种因素对其的影响。

五、4~5 岁幼儿的特点及发展需求

（一）4~5 岁幼儿的特点

1. 语言表达丰富

这一阶段的幼儿处于语言表达的关键期，幼儿会使用很多新鲜的词汇表达自己的想法和愿望，喜欢不停地说。如果有几个幼儿在一起，他们会抢着说，都希望表达自己观点。幼儿还会通过熟悉的图片编故事，且讨论故事中的问题并有自己的想法。

2. 喜欢体验新事物

这一阶段的幼儿专注的时间大概在 12 分钟，如果是自己感兴趣的事情专注的时间会更长；能够对某些事物进行连续的观察，发现事物或现象存在差异并能发现变化；可以对物品进行简单的分类；喜欢体验新鲜事物，如利用生活中各种常见的材料做实验，并能根据看到的现象做各种猜想，这些猜想可能很不符合逻辑。

3. 能体验多种运动

这一阶段的幼儿精力旺盛，喜欢体验各种活动，如跑、跳及各种攀登，也会主动探索多种运动器材的玩法；对于明显的危险有一定的判断力。如果有很多幼儿在一起，他们会故意表现出胆子比较大，敢于挑战有难度的运动等。

4. 遵守规则，主动协助

这一阶段的幼儿大多能够理解日常基本的生活规则，具有一定的自我约束力，并可以独立吃饭、穿衣、洗漱等，能够帮助教师和家长做基本的整理和家务。

（二）4~5 岁幼儿的发展需求

1. 给予表达的机会

要给予这一阶段的幼儿说的机会，不管幼儿说什么或怎么说都不要打断，允许幼儿在不断地说的过程中梳理和整理自己的语言逻辑。以下的活动可以促进幼儿语言表达能力的发展。

①引导幼儿养成专注听别人说话的习惯。

②让幼儿复述简短的故事、朗诵儿歌或续编故事等，丰富幼儿语言表达的方式。

③通过表演和分享让幼儿更好地理解故事的逻辑。

④关注幼儿的阅读习惯，安排有序的阅读活动，激发幼儿的阅读兴趣。

2. 关注幼儿的专注力

这一阶段的幼儿对自己感兴趣的事情非常专注。我们应提供丰富的活动材料，满足幼儿认知需要。

①组织比较、分类、计数等活动。

②引导幼儿观察常见的事物（人、动物、植物、用品等）的相同和不同之处。

③引导幼儿按照指令完成连续的动作。

④和幼儿一起种植植物，并一起保护植物，观察、感受植物的生长。

⑤引导幼儿观察和感受一年四季的变化。

幼儿的专注力渗透在日常生活中，当幼儿专注于一件事情时，最好不要打扰他，如果希望幼儿结束当下的活动，一定要给幼儿有效的提示，让幼儿有准备地结束活动。

3. 关注幼儿的“十万个为什么”

幼儿每天总有问不完的问题，这时教师可以准备安全和丰富的材料，让幼儿体验生活中的实验，并和幼儿一起分享他们的体会。

①耐心倾听幼儿提出的问题，当解答不出来的时候，把问题交给幼儿，看看幼儿怎么做。

②经常通过提问，启发幼儿的思维能力和创造能力，因为在幼儿的眼中，所有的问题都不只有唯一的答案。

③艺术活动是具有创意性的活动之一，音乐活动和绘画活动都是幼儿非常喜欢的活动，为幼儿设计丰富的关于音乐或绘画等的创意性活动，并把幼儿创意作品展示在幼儿可以看到的地方，可以激发幼儿的创造力。

4. 关注幼儿的情感表达

我们要接纳这一阶段的幼儿的情感和需要，给予幼儿独处的时间，让幼儿按照自己的方式做事情，让幼儿了解自己和别人的不同之处。给幼儿提供与他人交往的机会，当幼儿间产生纠纷时，在安全的情况下让幼儿自己解决。在日常生活和游戏中，为幼儿提供有关大好山河的风景图片和名胜古迹的照片，丰富幼儿的生活体验，培养幼儿的爱国主义情感。

5. 帮助幼儿理解和遵守规则

根据清单的要求和幼儿分享做事情的规则，让幼儿过有准备的生活，这有利于幼儿提升自我管理能力；可以和幼儿一起讨论制定简单可执行的规则，支持和鼓励幼儿执行。同时注意对幼儿的安全教育，如帮助幼儿记住幼儿园和父母的名字及家庭住址，教导幼儿在与成人失散时要找警察帮忙等。

六、5~6 岁幼儿的特点及发展需求

（一）5~6 岁幼儿的特点

1. 能清楚地表达自己的需求

这一阶段的幼儿可以使用连贯而有逻辑的语言表达自己的需要，并且能透过他人的语气语调判断他人的情感态度，对于自己经历的事情可以使用简短的语言进行概括，喜欢自己编故事。

2. 专注并有目标

这一阶段的幼儿对所做的事情有相对清晰的目标，喜欢自己动手操作，在活动中表现出专注和细心，同时对自己不知道的事情会积极主动地思考和寻找答案，并以比较客观的态度发表自己的看法；对周围的一切都比较感兴趣，有强烈的求知欲，迫切想知道“是什么”“为什么”“怎么来的”，等等；喜欢拆卸各种的玩具，希望从中得到答案，喜欢玩可变形的玩具；喜欢几个小伙伴一起搭建或创造有标准性的建筑等；也喜欢通过绘画表达自己的想法。

3. 喜欢有挑战性的活动

这一阶段的幼儿进入了运动统合能力的精进阶段，不仅有良好的运动协调性，还可以设计运动的形式，希望通过各种运动，来体验自己的身体能力；做运动时有计划并有一定的安全意识，会有目的地规避危险的运动。

4. 懂得合作与规则

这一阶段的幼儿的情感逐渐稳定，如遇到伤心的事情，可以适当控制自己的情绪，大多数幼儿都有自己的固定伙伴；具有合作意识，能和其他小伙伴一起完成一件事情；遵守基本的规则，并承担一定的责任；能够自觉地管理自己的生活，如按时洗漱、整理物品等，有良好的生活习惯。

（二）5~6 岁幼儿的发展需求

1. 丰富的表达方式

这一阶段的幼儿有很强的表达欲望，不仅通过语言，还通过音乐、舞蹈和绘画等。以下的方法可以更好地满足幼儿的表达需要。

①开展朗诵短小的诗歌或故事的活动，并让幼儿分享自己的看法。

②开展音乐剧、舞蹈表演或绘画活动等，让幼儿说出自己的想法和做法。

③以唱歌或表演的方式表达自己的情感及与他人交流。

④分享对音乐的感受和美好的情感。

⑤欣赏社会生活中美好的事物，如建筑、园林、风景等，并进行简单的评价。

总之，我们应利用所有的资源，丰富幼儿的表达方式。这些活动可以让幼儿来组织完成，教师只是作为协助者和支持者，但需要保证幼儿的安全。

2. 关注幼儿的阅读兴趣

这一阶段的幼儿不但喜欢阅读，而且能够在较长时间里专注阅读，并且对文字有浓厚的兴趣，因此活动中要给幼儿提供适合的图书，也要营造良好的阅读和分享的氛围。

①定期更换绘本角的图书。

②给幼儿独立阅读的时间。

③鼓励幼儿使用有感情的语调讲故事等。

④鼓励幼儿创编故事并进行表演。

教师要通过各种的方式满足幼儿的阅读兴趣，除了为小学生活做好准备，这对幼儿未来的生活也有非常重要的意义。

3. 关注幼儿的自我评价能力

这一阶段的幼儿往往会说“我会唱歌，不会跳舞（或不喜欢跳舞）”。当成人的评价和幼儿的评价不一致时，幼儿会不接受，有时还会强烈抗议。因此在活动中，要关注幼儿做事情的过程，不要只看结果。这一阶段的幼儿是通过和教师、家长及他人的相处来判断自己的能力的，因此要避免给幼儿贴标签，不管是积极的还是消极的。以下方法可供参考：

①引导幼儿从不同角度观察一个物体，找出事物变化的简单原因，学习简单的推理，锻炼孩子的思考能力和判断力。

②和幼儿讨论一件事情有几种解决方案。

③和幼儿观察环境和动植物的关系，感知自然界的事物的发展与变化对人们生活的影响，感受自己和自然的关系。

④鼓励幼儿独立解决困难，遇到挫折不气馁。

⑤引导幼儿接纳和控制自己的情绪。

幼儿的自我评价能力是幼儿自我认知的基础，这和幼儿的生活经历有关，在不同经历中，幼儿的感受不同；要让幼儿客观地看待自己，培养幼儿的责任感和自信心。

4. 养成运动的好习惯

丰富多样的运动可以促进幼儿运动协调能力的发展，足够的运动是幼儿身心健康发展的基础。

①养成积极锻炼身体的习惯，提高幼儿对不同季节的适应能力。

②在户外游戏中进行队列和队形变换动作，锻炼幼儿对身体的控制能力。

③开展多种形式的跳跃、投掷、钻、爬和攀登活动。

④主动探索多种运动器材的玩法，鼓励幼儿创造性地进行运动。

⑤安静和放松更能锻炼幼儿身体的专注力和协调性。

5. 入学前准备

这一阶段的幼儿，面临小学阶段的学习，因此要关注幼儿入学前的准备，除了养成按时睡觉和起床的基本习惯外，还要帮助幼儿做好以下准备：

①养成整理书包和物品的习惯。

②养成阅读习惯。

③练习正确的坐姿。

④做好时间安排。

⑤掌握正确的握笔姿势。

⑥认识安全标识，注意安全。主动遵守公共秩序，爱惜公物。

⑦学会安全地使用易于操作的劳动工具等，引导幼儿初步掌握在遇到危险时简单自救的方法。

第五章　关注婴幼儿发展的关键期

案例分享：“告状”的孩子

3 岁半的淘淘语言表达能力非常好，在和小朋友一起活动时，经常会对老师说：某某小朋友没有做好，某某小朋友拿了谁的玩具，等等。她每次说的时候老师必须要及时回应，如果老师没有专注地听，她就会一直说。淘淘的妈妈也反映了这个情况，她发现淘淘最近特别爱说话，并且必须让妈妈看着自己说才可以。

淘淘的行为表明她到了语言发展的敏感期。孩子通过说话，一方面是要梳理自己的语言逻辑，确认自己说的事实；另一方面就是需要父母、教师与其互动，以获得情感上的满足。针对淘淘的情况，教师在活动中支持其语言发展的有效方法如下：

①接纳淘淘的感受，看着淘淘把话说完。

②复述淘淘说的话，确认淘淘的需要。

③及时回应淘淘的需要。

④和淘淘讨论做事情的规则，不评价。

⑤给予淘淘妈妈有效的建议。

一、关键期的由来

关键期是动物习性学创始人洛伦茨在研究雏鸭的习性时发现的，雏鸭通常将出生后第一眼看到的对象当作自己的母亲，并对其产生偏好和追随反应。洛伦茨称此现象为“印记”，并称可能产生“印记”的有效期为“关键期”。

关键期最基本的特征是，它只发生在生命中某一个固定的短暂时期，如雏鸭的追随行为只出现在其出生后的一天内，若超过这一时间，“印记”现象就不再明显了。曾有科学家做过实验：小动物出生后就把它的一只眼睛遮挡住，3个月后对比研究显示，双侧大脑的发育有很大的差异，控制被遮住眼睛的一侧的大脑的发育受到一定程度的影响。这个实验说明了在视觉神经发展的关键期，若受到不当干扰则会影响视觉的正常发育。

有心理学家把关键期的理论应用到心理发展研究上，提出了能力或智力发展的关键期，或称为能力发展的敏感期。儿童发展的关键期，是指在孩子的成长过程中，在某个时间段内，会突然对某种特定的事物或事情产生浓厚的兴趣，某种能力或行为会得到快速的发展。这时我们要为孩子提供适宜的环境，给孩子足够体验的机会，以满足孩子关键期发展的需要。

二、客观看待婴幼儿成长过程中的关键期

不管是家长还是教师都特别关注孩子发展的关键期，但需注意的是每个孩子都有自己独特的个性和特点，即便是在关键期，不同的孩子表现也不完全相同。教师要客观看待孩子发展的关键期，尤其对于“关键期过期不补”等的说法，如果过分关注并且处理方法不恰当的话，反而可能会影响孩子能力的发展，因为往往这个时候我们只强调了结果，而忽略了过程。另外需要注意的是，任何理论也不能涵盖一个生命成长的全部，只能在某个阶段给予我们启发和思考。对于每个人来说，在未来的工作中一般会从事自己擅长的项目，这也是人的一种本能反应，所以也要以发展的眼光看待孩子的成长。本章节内容既是教师教学时的参考，也是教师与家长沟通时的参考。

在发展的关键期，我们要客观了解孩子发展的特点。

（一）阶段性

孩子在每个阶段都有其发展的独特性。例如，从运动能力来说的“三翻六坐八爬”；语言发展是从肢体语言逐渐发展到口头语言的；情感发展则是从安全的依恋关系逐渐发展到独立自主的，等等。这些都可以说是孩子的发展过程中的阶段性的特点，也可以理解为孩子发展的关键期。

（二）连续性

孩子的发展具有连续性，前一阶段的能力发展为后面的能力发展打基础，不能跨越过去。例如，6~10 个月是孩子爬行的关键阶段，从爬行到站立行走要经过 2~3 个月的时间，爬行就是为站立行走做准备的。

（三）差异性

孩子的发展具有不均衡性，其发展受到不同因素的影响，如性别、地域、民族等；还要注意不是所有的孩子都是按照教科书发展的，不能使用统一的标准衡量孩子的成长。

（四）个体性

孩子的个性发展受遗传因素、环境因素等的影响。活跃型的孩子表现积极主动，思维活跃，爱做事情的主导者；接受型的孩子比较安静，比较听话，但缺乏创意，需要家长更多的鼓励；反应型的孩子容易受到他人的影响，做事情缺乏耐心，需要陪伴建立规则；高敏型的孩子看上去比较脆弱，容易受他人情绪的影响，所以需要接纳和理解，更需要鼓励。

一般来说，在关键期培养孩子应因势利导，这样容易事半功倍；如果错过了关键期，有可能影响孩子某种能力的发展。但由于关键期既有客观规律性，也有个体差异性，因此有些孩子表现明显，有些孩子表现不明显；有些孩子会早些，有些孩子会晚些。近年来很多学者的研究也表明，关键期固然重要，但某些行为和能力即使错过了关键期，通过后天的学习和锻炼，依然可以形成。

对于孩子来说，关注个性和特点比关注缺点和错误更重要。我们希望每个孩子都能成为优秀的自己，在自己擅长的领域发挥自己的优势和特长。

三、值得关注的婴幼儿发展的关键期

（一）健康依恋关系建立的关键期

0~3 岁是孩子健康依恋关系建立的关键期。其中 0~1 岁是建立信任感的关键期，是建立健康依恋关系的奠基时期。

出生前，婴儿生活在母亲温暖的子宫里；出生后，从生物个体变为社会个体，婴儿开始面对一个全然陌生的世界，周围环境嘈杂，食物需要自己努力获取，等等。所以当婴儿感到恐惧和饥饿时，若能得到母亲的乳汁和温暖的怀抱，便会感到安全。这一时期婴儿没有自我生存能力，完全依赖他人对他的呵护，所以对母亲的依恋也就成为他最基本的需要，如果这一需要不能得到满足，就会使他的心灵受到伤害。

信任感建立的基础是满足孩子基本的生理需要，也就是通过对孩子日常生活的照顾，让孩子建立对周围环境和人的信任和依恋，并逐渐建立安全健康的依恋关系。这也是我们强调母乳喂养的一个重要原因。

（二）语言发展的关键期

孩子的语言发展分为几个阶段，每一个阶段孩子的表现都不一样。这也相应要求家长和教师在不同的阶段采用不同的语言沟通方式。

0~1 岁是孩子肢体语言发育的关键期。这一阶段的孩子会用肢体语言和他人进行交流，比如孩子会拍拍自己的双手，表示欢迎；摆摆小手，表示再见；点头表示同意等。这时需要父母和周围的人用同样的方式积极回应，并要同时说出孩子所要表达的意思，如“欢迎”“再见”等，以激发其与人交往的兴趣。

1~1.5 岁是孩子口头语言发育的第一期，称为回音期。孩子会重复他人说的一句话中的最后一个字，就好像他人说话的回音一样，如他人说“喝水”，孩子就说“水”；他人说“我们出去玩好不好？”孩子就说“好”。这一阶段需要特别注意和孩子交流时的方式，比如说话语速要慢，尽量不要使用肢体语言，因为孩子已经具备了口头语言表达的能力，所以尽量要让孩子开口说话。同时，成人要正确地使用成人的语言和孩子进行沟通，不要使用叠词，如“吃饭饭”“喝水水”“坐车车”等，避免把语言学习人为复杂化。也就是说当孩子已经具备语言能力的时候，就要给孩子提供机会，就是要引导孩子学说话，但不能强迫。

1.5~2 岁是孩子口头语言发育的第二期，称为称呼期。这一阶段的孩子认为所有的东西都应该有名字，所以他们会不停地指着周围的物品，要求父母告诉他这是什么，那是什么。有时孩子会主动告诉父母这是什么，那是什么，虽然他说的话我们也许听不懂。这时候的父母就是孩子的“翻译官”或代言人，也许不能准确表达孩子的意思，但父母的及时回应能激发孩子说话的兴趣。

2~3 岁是孩子口头语言发育的第三期。这一阶段的孩子在日常生活中会使用“你”“我”“他”来表述，但有时候也分不清楚“你”“我”“他”之间的关系，所以这一阶段的孩子比较容易发脾气。孩子想说清楚，但又表达不清楚，家长也不完全理解，孩子就会发脾气。所以在日常活动中，不要强迫这一阶段的孩子和其他人分享他的东西。这一阶段的孩子一般认为只要拿在自己手里的东西就是自己的，是不能给别人的，如果别人拿走了就不能回来了。

3~5 岁是孩子语言发展的完备期，也是孩子说话的敏感期。这一阶段的孩子非常享受说话的过程，不停地说来说去，有时还会自言自语。这一阶段的孩子还会出现喜欢“告状”的现象。在和小朋友游戏的过程中，如果他们之间发生不愉快，孩子会去找家长或教师“告状”。这一阶段的孩子有时会讲脏话，有时会故意说错话，然后自己哈哈大笑。家长要理解孩子的这种行为，多给孩子示范正确说法，而不是批评和说教。

5~6 岁是孩子语言应用的敏感期。这个阶段的孩子说话非常有逻辑，经常对人、事、物发表自己的观点。教师和家长可以和孩子讨论问题，并设计一些让孩子思考、表达的环境与机会，让孩子表达自己的意愿和对事物的看法。

需要注意的是，孩子的语言发展有很大的个体差异，也受很多因素的影响，如遗传因素、环境因素等。排除病理因素，如果一个孩子语言表达能力迟缓，可能是因为父母很爱说话或者很不爱说话。爱说话的父母经常代替孩子说话，因为孩子的年龄特点，反应比较慢，孩子还没有说出来，父母等不及就替孩子说了，有的父母直接让孩子通过摇头或点头来表达自己的愿望，长期这样下去孩子就懒得说了，因为孩子不需要说就能满足自己的需要。另外一种情况就是父母很不爱说话，孩子缺乏语言表达的机会，有的父母甚至为了让孩子安静下来，干脆就把孩子交给电视机或手机。这些看护方式对孩子的语言发展都有一定的影响。

（三）双手发展的关键期

新生儿出生后的抓握反射是最早的动手能力，一般 4 个月大的孩子就会主动触摸和抓握物体，并通过触摸、抓握感知周围的环境。7~8 个月是孩子单手大把抓物体的关键期。这个月龄的孩子手指已经比较灵活，看到什么抓什么，尤其喜欢抓握小的东西。这时家长要给孩子准备小的东西，让孩子抓握，但要防止孩子把小东西吃到嘴里，发生气管异物堵塞。

7~8 个月的孩子还有一个习惯，就是喜欢扔东西，家长捡起来，他再扔出去，这也是孩子和家长互动的一种方式。同时，孩子通过扔不同质地的玩具，可以了解不同玩具的特点。慢慢家长就会发现，孩子非常喜欢扔可以发声的玩具，孩子听到玩具落地的声音或者看到玩具落地就会很兴奋。为了避免孩子养成不良的习惯，每次和孩子玩完扔玩具的游戏后，一定要和孩子一起把玩具放回玩具筐。长期这样做，孩子就会知道，扔玩具就是一种游戏活动。

10~11 月是孩子双手把物体放入孔洞能力形成的关键期。这个月龄的孩子喜欢用手指扣小洞，也喜欢用手指按电话的按键、灯的开关、带有声音的玩具等。孩子还喜欢玩空的盒子，喜欢把手伸进盒子里，即便里面什么都没有，他也要摸摸。家长可以准备各种各样的盒子给孩子玩，但要注意安全，要确保盒子边缘无毛刺。同时要注意那些插座和开关的潜在危险，建议使用自封闭式的安全插座，普通插座可以将多余的插孔封堵上。

12~13个月是孩子双手控制物品能力发展的关键期。这一阶段的孩子不会轻易丢弃自己手中的东西，双手能很好地控制物体。这一阶段的孩子有比较强的拥有感，生活中我们经常说这样的孩子“小气”，但孩子只是认为拿在自己手里的就是自己的。如果手中的玩具掉了，他会主动地寻找，如果家长要他手中的东西，他也不会轻易交出来。家长要了解孩子的这种生理心理发育特点，不要轻易评价孩子的行为。

16~17个月是孩子双手垒叠平衡能力发展的关键期。这一阶段的孩子喜欢玩积木，并且喜欢把东西摞起来或堆起来。孩子的行为告诉我们，他在学习把握自身和物体的平衡，并逐渐懂得利用和创造平衡。这时我们可以让孩子多玩搭积木的游戏，以了解懂得物体之间的组合概念和相互之间的关系。

（四）爬行的关键期

6~10月是孩子爬行锻炼的关键期。父母需要了解孩子爬行要做哪些准备：

①爬行首先需要力量：颈部的力量、上肢的力量、下肢的力量及腰部的力量。

②爬行还需要姿势：抬头、四肢支撑、腰部离开地面。

③爬行更需要协调性：四肢及身体的协调。

从以上可以看出，孩子的爬行准备应该是从出生就开始的。新生儿期的俯卧抬头、竖抱、坐抱及螃蟹抱，均有利于孩子颈部力量的锻炼；俯卧抬头、双手抓握等都是孩子上肢力量的练习；5个月的孩子进行蹲跳练习可以增加下肢力量；6个月的孩子可以尝试搂腿抱以及搂腿抱取物，这样有利于孩子下肢及腰部肌肉力量的锻炼；翻身及连续翻滚对孩子的身体协调性是很好的锻炼，对孩子的爬行也很重要。

（五）模仿的关键期

8个月到2岁是孩子模仿的关键期。

如果在吃饭的时候，把一个8个月的孩子抱在家长身边，孩子会专心地看着家长的嘴巴，并且他自己的小嘴巴会像家长的嘴巴一样不停地动，有时还会抢家长手里的东西往自己嘴里塞。这一阶段的孩子也非常喜欢模仿家长的动作，如再见、欢迎、谢谢等。当孩子会说话时，会经常模仿家长说的话，包括家长说话的语气和语调。如果哪天家长不小心说了粗话，孩子也可以模仿出来。

当孩子可以自由走动的时候，家长干什么，他就要干什么，并一直坚持说“我来，我来”。对于这一阶段的孩子，在安全的情况下，家长可以让孩子做一些力所能及的事情，如收拾玩具、自己吃饭、自己捧杯喝水、自己脱鞋等。

模仿是孩子主要的学习方式，俗话说，身教重于言教。日常生活中，我们收集的信息 80% 以上来自视觉，所以对于孩子来说更多的是看到我们做的是什么，而忘掉我们说的是什么。因此保教清单特别强调教师要给予孩子正确的示范。

（六）无意识吸收的关键期

0~3 岁是孩子无意识吸收的关键期，高峰期在 2 岁左右。

脑科学和生命科学的研究表明，脑细胞组织到一个人 3 岁时就已经完成了 60%，这个时期的大脑具有天才般的吸收能力。0~3 岁的孩子有很多能力在迅速发展，即这一阶段的孩子处于潜意识学习阶段。这一阶段的孩子会以惊人的速度将自己看到的、听到的“照单全收”。这一阶段的孩子的大脑就像摄像机一样，把听到看到的东西都无条件地储存在自己的大脑里。和其朝夕相处的人所说的每一句话，所做的每一个动作都可能会深深地烙在他们的心灵深处，对其今后的行为习惯及性格的形成产生影响。

有研究认为，人出生时大脑约有 1000 亿个神经元，之后不再增加。刚出生时孩子的大脑约有 50 亿个突触；出生后第一年，突触数目会增加 20 倍；3 岁时大脑大小即是成人的 80%，这一阶段的孩子之所以会一刻不停地活动，是因为他们的大脑在不断获得信息。所以，家长要为孩子创设一个安全、适宜及有秩序的环境，让孩子参加多种有益的活动，接触各种刺激，这样也有利于孩子的自我学习。①

（七）添加辅助食品的关键期

4~8 个月是孩子味觉发育的关键期，也是添加辅助食品的关键期。

这一阶段的孩子不停地吃手，所有能拿到手的东西都要用嘴尝一尝，孩子的行为告诉我们他的味觉发育的关键期到了：“我要吃饭！”这个时候大多数家长往往会干预孩子吃手的行为，但实际上这就违反了孩子自身发育的规律。家长的当务之急是为孩子提供丰富的食物，以满足孩子的味觉发育的需要。

家长要掌握添加辅助食品的原则，预防孩子养成不良的饮食习惯。

辅助食品有四级转换模式，即流质食物—泥糊状食物—半固体食物—固体食物。添加辅助食品的原则如下：

①由少到多：如蛋黄由 1/4 个开始；

②由稀到稠：流质食物—泥糊状食物—半固体食物—固体食物；

③由细到粗：菜泥—碎菜；

④由一种到多种：注意食物的质和量。

---

① 参见岳贤伦：《10 岁前，发现孩子的天赋》，11 页，北京，九州出版社，2013。

添加辅助食品应该在孩子身体健康时添加，每种食物应连续尝试3~5次或5~10次，对容易引起过敏的食物应该暂缓添加，防止消化不良。

（八）秩序感建立的关键期

0~4岁是孩子秩序感建立的关键期，其中2~4岁是孩子秩序感的巩固和发展阶段。孩子的内在秩序是看不到的，只能通过观察孩子的日常表现去发现。这里所说的秩序是指孩子内在的生理秩序，这个秩序是不能打乱的。整齐的居住环境有利于孩子视觉秩序的建立，妈妈的照顾有利于孩子情感秩序的建立，如果频繁地更换居住环境和看护人就会打乱孩子的内在秩序，导致其不安和焦虑。父母要为孩子提供一个有秩序的环境，以利于其今后学习生活中秩序性的养成。

秩序还包括时间秩序和空间秩序。在日常生活中直接表现为孩子每天的作息时间，如起床、吃饭、游戏、睡眠的时间；孩子的玩具、书籍、衣物固定的摆放位置等，让孩子渐渐知道自己应该在什么时间吃饭，在什么时间睡觉，用过的东西应该放回哪里等，给孩子一种有秩序的生活，以促使其建立良好的生活习惯，形成生活细节的概念。

（九）观察细微事物的关键期

1~4岁是孩子观察细微事物的关键期。这一阶段的孩子对极小而精致的东西十分感兴趣，如小线头、头发丝、纸屑等。在户外玩耍的时候，孩子会专注地蹲在一个地方一动不动，眼睛只盯着地上爬来爬去的小蚂蚁，或者看到地上的小石子或小树叶，孩子就会跑过去一个一个地捡起来。小蚂蚁、小石子、小树叶等微小的东西，在孩子的眼中都是无比神奇的，对它们的观察是充满无限乐趣的。

孩子还会收集一些在家长看来可能是毫无意义的东西。其实，孩子的这种收集行为也是他心智发展的需要。因为孩子感觉到自己比较弱小，但却无法改变这一事实，于是他就会关注一些和自己同样弱小的事物，甚至会把爱转移到这些事物上来。所以，教师和家长可以找一个小盒子专门存放这些小物品，以保护孩子的好奇心，同时要注意安全，防止孩子把细小的东西吃进嘴里，造成气管或食管堵塞。

（十）涂鸦的关键期

2~4岁是孩子涂鸦的关键期。

这一阶段的孩子喜欢把自己看到的、想到的在地上、墙上、纸上，甚至家里的床单上画出来，且每次画完都要给大人看。对孩子来说，画出不同的线条和图形是一种非常美妙的体验。早期的涂鸦活动使孩子的肌肉得到发展，并且从重复的动作中孩子学会了视觉的控制。

开始时，孩子的作品是杂乱无章的，如果让孩子讲讲画的是什么，孩子一定会很兴奋地讲出来。握笔在一张白纸上涂鸦，对于孩子来说意义非凡，所以我们应该用积极的态度鼓励孩子去探索这个色彩斑斓的绘画世界，不要着急教他画太阳、画小草、画白云、画树林等，或者拿他和其他小朋友比较，不要做任何限制，让他按照自己的方式尽情地涂鸦。

我们应该给孩子准备一个适宜绘画的环境，尽可能地提供大的纸张让他尽情地涂画，以满足其欲望，因为小的纸也许会限制孩子的内在需要。绘画也是培养孩子的观察力、想象力与模仿力的重要途径，能让孩子进行自我探索和自我创造，充分体验成就感。

（十一）掌握数学概念的关键期

1.5 岁左右是孩子掌握初级数概念的关键期。这一个阶段的孩子已能表现出对数量的理解，可以区分“多”和“少”了。

2.5 岁左右是孩子计数能力发展的关键期。这一阶段的孩子尤其喜欢数字游戏，家长可以引导孩子数数、唱数等，还可以引导孩子了解量词的概念。

3~4 岁的孩子喜欢借助外在的事物发展内在数学逻辑。孩子开始学习用各种图形去了解世界，逐渐了解了图形的基本空间概念：基本平面、空间位置、图案组成等。这一阶段的孩子喜欢搭建各种结构的玩具，喜欢画画，通过这些孩子了解了图形之间的关系。

4~6 岁的孩子是掌握数学概念，进行抽象运算以及综合数学能力开始形成的关键期。这一阶段的孩子对于逻辑关系概念，如相关位置、分类、部分与整体、前后顺序等逐渐理解，为今后计算能力打下基础。

数学的学习对孩子来说比较抽象，但其实生活中到处都有和数学有关的场景。孩子将玩耍和数字联系起来，并建构有关数字的表象和记忆，日积月累就会在大脑中建构起符合自己的数学逻辑，为未来的数学学习奠定基础。

数学的魅力，不在于精确的计算，更是一种思维方式，家长和教师可以培养孩子利用数字来解决问题，这也被称作思维的体操。

（十二）生活规范、社会礼仪学习的关键期

2.5~6 岁是孩子生活规范、社会礼仪学习的关键期。

这一阶段的孩子开始注意身边的规范，他们感觉到身边很多事需要遵守一定的规则。对生活规范和社会礼仪的养成，家长要注意孩子的穿衣要得体，并让孩子养成洗脸、刷牙、漱口的好习惯等；行为举止方面，要注意引导孩子养成正确的坐姿、站姿、走路姿势等；并要注意引导其和他人交往时应遵守礼仪，如尊敬长辈，主动和他人打招呼等。

生活规范和社会礼仪不是一朝一夕就可以养成的。生活规范和社会礼仪是每个人的人生旅途中的一门必修课。“少成若天性，习惯如自然。”

模块三 婴幼儿保教活动方案

第六章　幼儿园区域教学活动与区域材料清单

一、个性化区域活动教学

（一）不同个性的孩子需要不一样的教学

案例分享：不同个性的孩子

丽莎这个学期是混龄班级的教师，班级中孩子的年龄在 2.5~3.5 岁，丽莎是一位非常有经验的教师，深知混龄教学既要关注孩子的年龄特点，还要关注其个性特征。丽莎设计了比较合理的教学计划，满怀信心地开始了新学期的工作。开学第一天，有 2 个新来的孩子，一个是两岁半的豆豆，一个是 3 岁的熙熙。豆豆一直在哭闹，丽莎就一边安慰豆豆，一边观察熙熙。熙熙在读书角里安静地坐着翻绘本，怎么都不愿意参与到班级活动中来。豆豆不间断地哭着，哪个区域都不进，一直黏着老师。中午孩子们都睡着了，丽莎和配班老师一起讨论今天上午的情况：如何减少豆豆的焦虑？如何引导熙熙参与到活动中来？熙熙可能会喜欢哪个区域的活动？等等。

虽然在孩子入园之前教师做过家访，但是孩子入园后还是有很多意想不到的事情会发生。在与孩子交往的过程中，仅仅有详细的教学计划是不够的，还要充分了解孩子的个性特征，同时做区域材料的准备。教师要想为孩子提供有效的支持，可以思考以下问题：

①如何和孩子建立信任关系？

②什么样的区域会让新入园的孩子喜欢？

③如何引导孩子进入活动区域？

每个孩子都有自己的成长节奏，在教学中为孩子提供个性化的活动方案，同时需要适宜的区域环境，以有效地满足孩子个体发展的需求。性格不同的孩子表现不同，需求也不同，如外向型孩子比较活跃，内向型的孩子则比较安静，因此针对不同性格的孩子应采用不同的引导方式：

①有的孩子表现活跃，行动比较快，一个活动结束后希望马上进入下一个活动，因此需要准备丰富的区域活动，让他们处于忙碌的状态。

②有的孩子喜欢安静，做事有条不紊，看上去比较慢，不喜欢被打扰，因此需要安排相对安静的区域活动。

③有的孩子表现得不够专注，容易受他人的影响，需要提供安静的活动区域。

④有的孩子不太遵守规则，喜欢按照自己的方式做事，需要教师的陪伴或示范，同时需要有效的提示。

⑤有的孩子喜欢分享，会直接表达自己的想法，需要教师及时回应等。

（二）区域材料与活动计划

1. 区域材料及区域设置

区域材料一方面可以满足孩子个性发展的需要，方便教师进行分组教学；另一方面可以满足孩子综合能力发展的需要，激发孩子积极主动探索的兴趣。一般情况下，活动室内至少需要设计 5~8 个活动区域，包括阅读角、益智区、美工区、娃娃家、植物角、建构区、表演区等。根据活动空间的大小，有些区域可以设计 2 个，比如益智区和建构区，但玩具类型可以分开，这样既能丰富孩子的体验，还能满足孩子综合能力发展的需求。

活动区域最好使用适合的玩具柜区分开，避免孩子们活动时相互干扰。玩具区域可以配有一定数量的玩具筐，使用玩具筐的意义在于：

①方便孩子分类放置玩具，活动结束后把玩具放回原来的地方，让孩子感受到独立完成一项任务的自豪感，有利于孩子养成好习惯，这也是培养孩子秩序感的有效方式。

②使用玩具筐对锻炼小月龄的孩子的能力更加有效。

③在玩具筐上贴上清晰的标志，能提升孩子的认知能力。

④活动区域放置玩具筐也能方便教师拿取材料，提高教学效率。

⑤使用玩具筐还能减少玩具的丢失，也方便及时整理破损的玩具。

2. 活动计划

活动计划必须保证所有孩子在一周内体验完成所有的区域活动，同时要有固定的户外活动时间。周计划要张贴在教师和家长都可以看到的地方，一方面有利于所有教师参照执行；另一方面也有助于家长了解孩子的活动情况，真正做到家园共育。

3. 关注孩子重复的活动

我们曾经不止一次记录过孩子重复在某一个区域里玩一个活动的过程，如一个 2 岁的孩子连续 5 天搭积木，每天重复地搭建，非常专注，经过反复的试验和调整，最后搭建了一个自己心目中的“小房子”。孩子们喜欢重复的活动，在重复中技能得以提高，自信心得以增强。当看到孩子的重复性行为时，教师应该做到如下几点：

①丰富本区域活动材料。

②记录孩子的活动过程，观察孩子对什么样的玩具更有兴趣，思考如何补充需要的材料。

③根据目前情况，是否需要增加同类区域。

④哪些材料可以激发孩子的兴趣或提高孩子解决问题的能力。

⑤当活动结束时和孩子讨论活动过程，通过提问的方式，激发孩子的创造性思维。

（三）区域活动教学研讨

教学研讨是教学质量的保证。托幼机构区域教学活动的关键点在于区域环境及区域材料的准备，原则是简单、丰富、安全、适宜、有序。班级的教学研讨由主班老师负责，主班老师不在由配班老师负责。托幼机构的教学主管，也要定期到班级协助教师制订或调整教学计划。关于区域教学活动的教学研讨应该包括以下内容：

①总结本周活动中哪些区域是孩子们感兴趣的，哪些区域是他们不感兴趣的。

②活动材料是否增加了，孩子们之间的互动性是否利于孩子独立操作。

③孩子感兴趣的活动是否需要重复，是否需要增加新的玩具，如果需要增加，数量是多少，等等。

④确认区域里玩具有无破损，如有需要及时清理或更换。

⑤本周孩子们喜欢的活动有哪些，下周是否可以继续，是否需要增加新材料。

（四）有效沟通与区域活动教学

有效沟通包括多个方面：教师之间的沟通，教师和孩子之间的沟通，孩子们之间的沟通，以及教师和家长之间的沟通。这些沟通对区域活动教学有直接影响。教师之间的沟通在紧急情况下可以随时进行，沟通的内容可以参考以下几个方面：

①在区域活动过程中，是否对孩子造成了干扰，如说教太多限制了孩子的行为，从而影响了孩子的操作兴趣。

②当孩子求助时，是否做出了积极的回应，引导孩子有效使用材料。

③是否准备备用材料，以便随时给予孩子支持，如果需要，应准备什么材料。

④在孩子使用材料时有没有新发现，如孩子的活动不在计划之内，但由于材料不够影响了孩子的积极性。

⑤当孩子遇到问题时，是直接给予答案，还是和孩子讨论等，哪种方式更利于孩子有效使用材料。

以上的问题可以帮助不同教师在处理问题时达成一致，也是逐渐丰富区域材料的必要过程。教师和孩子间的有效沟通也是随时可以进行的，沟通时可以参考以下做法：

①当孩子求助时，安静地走近孩子，蹲下来问“需要帮忙吗”，并观察孩子使用材料的情况。

②当孩子说话时，不要打断孩子，要面带微笑，专注地看着孩子，等孩子把话说完。确认孩子的需要，思考是引导孩子自主寻找材料还是直接提供材料。

③如果孩子有情绪，教师不要大声说教，可以把孩子带到安静的地方，轻轻拥抱或抚摸一

下孩子的肩膀和后背，让孩子释放自己的情绪。

④用提问的方式和孩子说话，能让孩子更加专注，也能启发孩子思考，同时发现孩子的兴趣及操作方法。

⑤和孩子分享活动的过程，了解什么材料能让孩子更有成就感。

总之，沟通的目的是收集有效信息，为丰富区域材料及区域活动提供重要依据。

（五）区域材料清单有效地支持孩子的成长

孩子一出生就有学习的能力和欲望。区域材料清单要求教师为孩子准备安全、适宜、有序的环境，并为孩子提供更多有效体验的机会，主要体现在以下几个方面：

1. 让孩子过有计划的生活

让孩子过有计划的生活，有利于孩子社会情感和独立性的发展：

①区域材料清单按照一日生活要求准备足够的材料。

②区域材料清单要点有清晰的规则要求，让孩子知道在什么时间、什么地方做什么事。

③区域材料清单要点帮助教师清楚地选择和准备适合孩子的材料。

有计划的工作和生活也让教师相信孩子的能力；孩子也通过和教师的互动，了解了自己的能力，增加了自信心和成就感。

2. 教师行为和环境的一致性

教师行为和环境的一致性，能让孩子获得安全感，有利于培养孩子良好的行为习惯，提升孩子的自我管理能力：

①区域材料清单有利于教师为孩子准备适宜的材料及环境，同时有利于不同教师教学行为的一致性。

②规范的区域材料，有利于孩子专注自己的事情。

③环境的一致性，方便孩子找到自己喜欢的玩具，从而感受到独立和自信。

④环境的一致性，方便孩子整理和归类，有利于孩子认知和判断。

⑤清晰的规则便于孩子学会自我管理。

一致的行为和环境，会让孩子形成良好的行为习惯，如遵守规则、学会等待等。在有序的环境里，孩子更有机会观察他人和周围所发生的事情，锻炼和环境的互动能力。

3. 关注教育价值体验

区域材料清单中所渗透的教育价值是“生活即教育”：

①区域材料贴近孩子的生活，有利于孩子了解周围的世界。

②丰富的材料有利于孩子实现自己的想法，体验成就感。

③半成品、可变性材料有利于激发孩子的兴趣。

孩子在成长的过程中需要各种机会，如通过运动了解自己的身体能力，通过双手操作探索周围的世界，通过和他人合作了解如何利用周围的资源等。孩子希望通过各种方式找到问题的答案，因此我们需要给孩子提供安全、适宜、有序的环境，给予孩子丰富的体验，满足其个性能力的发展。

二、区域材料清单

案例分享：区域活动模式

大部分以集体教学为主的幼儿园，教室大部分都非常宽敞，孩子可以在房间里跑来跑去。我们指导的一家幼儿园就是这种模式。经过和管理者沟通后，我们将其改成区域活动模式，即在每个教室设置 5~8 个活动区域。改造后的第一天我们和管理者走进每个班级，看到孩子们都非常兴奋，但比之前安静了很多，孩子们在自己喜欢的区域里活动，相互之间没有干扰。区域教学是实现个性化教学的重要部分，但对于区域环境的设计和材料的准备要求比较高，教师应该思考如下问题：

①什么样的材料更能激发孩子的兴趣?

②如何引导孩子有效地使用区域中的材料?

③如何设定区域的规则?

《幼儿园教师专业标准（试行）》中特别提出了幼儿园教师专业能力中的环境的创设和利用能力，这里所说的环境指的是班级环境，幼儿教师应该为幼儿创设丰富适宜的环境，支持和激发幼儿与环境的互动。并且，该标准从精神环境和物质环境两个方面提出要求，如建立良好的师幼关系，帮助幼儿建立良好的同伴关系；建立班级秩序和规则，让幼儿感觉安全和舒适；合理利用资源，为幼儿提供和制作适合的玩教具和学习材料等来支持孩子的主动活动。

活动区域是班级环境的重要组成部分。制作区域材料清单的目的是帮助教师给孩子准备适合的环境和玩具，最大限度地激发孩子的兴趣。教学环境属于课程中的潜课程部分，是影响显课程教学目标的重要因素之一。在教学活动中，教师需要根据清单要点讨论如何把区域设计和教学相结合。如果对区域教学不是很熟悉，在开始的时候可以只针对 1~2 个区域进行观察和调整，每周 1~2 个环节，慢慢熟悉清单和区域设计的逻辑，后面就能很快掌握了。这里提供的区域材料清单（详见表 6-1 至表 6-8）也只是一个参考，旨在告诉教师区域教学中最基本的要求，教师在工作中需要根据实际情况再进行调整，最终的目的是为孩子提供一个安全、适宜、有序的环境，满足孩子身心健康发展的需要。

（一）阅读角材料清单

表 6-1 阅读角材料清单

内容分类	区域材料清单
区域设置	房间内光线充足、相对安静和舒适的地方。
区域配套设施	1~2 个图书架。 一定数量的软垫。 一定数量的毛绒玩具。
区域材料类型	适合孩子阅读的各种绘本。 适合孩子阅读的挂图。 适合孩子阅读的各类卡片，放置在卡片袋或盒子内。
规则提示卡	规则提示卡一张，张贴在孩子可以看到的地方。 规则卡袋或其他便于孩子理解的标识。

（二）益智区材料清单

表 6-2 益智区材料清单

内容分类	区域材料清单
区域设置	设置在相对安静的地方，保证孩子操作中的安全。
区域配套设施	1~2 个玩具柜。 5~8 个玩具盘、玩具筐。 一个操作台。
区域材料类型	小风车、陀螺、放大镜、寒暑表、天平、量杯、地球仪、磁铁块、沙水箱（盒）及沙水玩具配件。 幼儿计算器、小型计数材料、数形接龙。 几何图形片、图形投放盒、图形戳、图形镶嵌、巧板（三巧、五巧、七巧）、套式玩具。 儿童棋、儿童牌等。
规则提示卡	规则提示卡一张，张贴在孩子可以看到的地方。 规则卡袋或其他便于孩子理解的标识。

（三）美工区材料清单

表 6-3　美工区材料清单

内容分类	区域材料清单
区域设置	需要相对宽敞的地方，可以在活动室靠中间的地方。
区域配套设施	2~3 个开放式的玩具柜。 每个玩具柜上需要 5~8 个玩具筐或玩具箱。 废旧材料箱（装有各种安全的废旧材料）。
区域材料类型	安全剪刀、泥工板、调色板、彩色水笔、油画棒、美术面泥、各类纸等材料。
规则提示卡	规则提示卡一张，张贴在孩子可以看到的地方。 规则卡袋或其他便于孩子理解的标识。

（四）娃娃家材料清单

表 6-4　娃娃家材料清单

内容分类	区域材料清单
区域设置	开放而且比较宽敞的地方，方便孩子进出，避免拥挤。
区域配套设施	1~2 个玩具柜及玩具筐。 小沙发、小床、靠枕和柔软的垫子。 一个操作台。
区域材料类型	毛绒玩具：布娃娃（各种娃娃的衣服）、毛绒玩具、小梳子、小刷子、小帽子、小围巾等。 餐具模型：勺子、碗、盘子等。 果蔬模型：水果和蔬菜的模型等。 操作工具：安全的刀及剪刀等。
规则提示卡	规则提示卡一张，张贴在孩子可以看到的地方。 规则卡袋或其他便于孩子理解的标识。

（五）植物角材料清单

表 6-5 植物角材料清单

内容分类	区域材料清单
区域设置	阳光充足的地方。
区域配套设施	一个稳定的架子。 安全的花瓶、花盆。 培植花的土。
区域材料类型	安全无毒的花草。 孩子从户外收集回来的落叶、小石头等。 花洒、小桶、铲子等。
规则提示卡	规则提示卡一张，张贴在孩子可以看到的地方。 规则卡袋或其他便于孩子理解的标识。

（六）建构区材料清单

表 6-6 建构区材料清单

内容分类	区域材料清单
区域设置	需要相对宽敞的地方，可以在活动室靠中间的地方。
区域配套设施	适合操作的小桌子或地垫。 2~3 个开放式的玩具柜。 每个玩具柜上 5~8 个玩具筐。 废旧材料箱（装有各种安全的废旧材料）。
区域材料类型	不同材质、颜色及形状的大中型积木。 接插构造玩具，如各种片、管、块、粒等。 螺旋玩具、镶嵌玩具。 和积木配套的玩具，如装卸的盒子、玩具小人或玩具小屋等。 穿编玩具，如串珠，穿线，绣花板。 各种拼图。 安全的废旧材料或半成品材料等。
规则提示卡	规则提示卡一张，张贴在孩子可以看到的地方。 规则卡袋或其他便于孩子理解的标识。

（七）表演区材料清单

表 6-7　表演区材料清单

内容分类		区域材料清单
区域设置		需要相对宽敞的地方。
区域配套设施		适合孩子的小桌子和小椅子。 2~3 个玩具柜。 5~8 个玩具筐。 悬挂演出服装或道具的架子。 展示作品的区域或架子等。
区域材料类型	音乐类	风琴或钢琴（木琴）等大型的乐器。 蛙鸣筒、双响筒、铃鼓、响板、串铃、沙锤、碰钟、三角铁、木鱼、小鼓、锣等。 敲琴、手鼓、发条音乐玩具、牢固的音乐盒、口琴、口哨、喇叭等。
	表演类	头饰。 演出服装。 模型：人物、动物、车辆等。 木偶：手偶、指偶。 桌面表演玩具。 商店、医院、警察等角色玩具。
规则提示卡		规则提示卡一张，张贴在孩子可以看到的地方。 规则卡袋或其他便于孩子理解的标识。

（八）户外活动区域材料清单

表 6-8　户外活动区域材料清单

内容分类	区域材料清单
户外活动场地	符合要求的户外场地，确保孩子的安全。 根据玩具功能不同，划分活动区域。
可固定的玩教具	攀登架、爬网、滑梯、钻圈或拱形门。 荡船或荡床、秋千、平衡木、跷跷板。 体操垫。

续表

内容分类	区域材料清单
可活动的玩教具	坐骑玩具如三轮车、滑板车。 投掷玩具、拉力玩具。 各类球、沙包、长短不一的绳子。 体操器械如彩旗、彩圈、哑铃、彩棒。 喷壶、小桶、小铲子、小锤子等劳动工具。

第七章　0~6 岁婴幼儿日常活动方案清单

一、 0~3 岁婴幼儿日常活动方案清单

我们从人们所熟知的五个领域（感知运动能力、语言能力、认知能力、交往能力、自理能力）提供了 0~3 岁婴幼儿日常活动方案清单（详见表 7-1 至表 7-14）。为了方便教师使用，我们根据孩子每个月龄的生理能力设计了单独的日常活动方案清单，为教师提供教学活动的参考。这些活动方案同样适用于家庭。需要说明的是活动清单内容仅作为活动的参考，不作为评估孩子能力的标准。从生理发展特点来看，孩子的发展有阶段性、连续性及个体差异性等特点。不是所有的孩子都能完成这个阶段的活动，也许有些孩子的能力已经超出了这个月龄的一般水平，有些孩子可能还达不到，这就是孩子发展的不均衡性，这也是教师在教学中需要特别注意的。孩子的发展从理论上来讲分为五大领域，但在现实生活中，每一项活动都是孩子综合能力的体现，因此教师在教学过程中以及和家长沟通时都要关注到每一项活动对孩子综合能力的影响。

所以教师在使用清单时还需要关注到以下的问题：

①哪些活动可以融入孩子的一日生活中？

②如何有效地将日常活动和教学活动相结合？

③什么样的环境才能充分展现孩子的现有能力？

④如何引导家长客观地看待孩子的成长过程？

（一）1~2 个月婴儿日常活动方案清单

表 7-1　1~2 个月婴儿日常活动方案清单

活动分类	活动方案清单
1. 感知运动能力。	（1）俯卧抬头：空腹时（或喂奶前 1 小时）让宝宝俯卧，让其练习自己抬头。从 30 秒开始逐渐延长时间，每天数次，促使宝宝的头不断抬高。如果宝宝不抬头，可用手指轻轻刺激宝宝的颈部和背部连接处，促使其抬头。俯卧抬头既可以锻炼宝宝的颈部力量，同时又能促进宝宝的前庭觉发育。如果每次宝宝都不能抬头，则需监测宝宝是否有其他异常反射，有异常情况时最好去医院检查。 （2）头竖立：每日适当竖抱宝宝数次，2 个月时每次可竖抱 1~2 分钟。 （3）手的抓握和触摸：有意识地放一些东西在宝宝的手中让他触摸或用他的手触摸一下他面前的东西，如吃奶时触摸妈妈的脸、妈妈的乳房等，帮助他进行早期的认知活动。 温馨提示：不能给宝宝戴手套，以免影响宝宝手部的触觉发育，继而影响其大脑的发育；还能避免意外伤害的发生（如手指被手套的线头缠绕）。如果宝宝的手暴露在外面，可能就会经常有人触摸他的手，这样有利于触觉发育及抓握能力的发展。手是人体最灵活的器官，多动手可以促进大脑发育。另外，学会科学地包裹新生儿，给他足够的肢体活动空间，保证其肢体活动不受限制。
2. 语言能力。	多交谈：在日常护理的过程中，多和宝宝交谈，说话时要慢并重复，看着宝宝的眼睛，让宝宝看着你的脸，吸引宝宝的注意力。
3. 认知能力。	（1）视力集中：在宝宝上方 20~30 厘米的地方，挂彩色的玩具或能发出声音的玩具，每次只挂一件，定时更换。每次让宝宝看 2~3 分钟，每日数次。 （2）视听移动：同样的距离，将能发出声音的彩色玩具边摇边动，使宝宝的视线随玩具移动。 （3）听力定向：在距离宝宝耳朵一侧 15 厘米左右的地方摇响铃铛，每次摇响的时间为 12~15 秒，吸引宝宝转头寻找。听觉训练的用时往往较长，有可能好几次都不能成功，如果宝宝一直没有反应的话，要让宝宝做专业的监测，以确定宝宝是否有听觉障碍。
4. 交往能力。	与家人交往：家长经常逗宝宝玩，将他抱起，与他说话，给他唱歌。让宝宝听好听的音乐，让宝宝多观察父母的脸，并通过喂奶、换尿布、洗澡等活动，培养亲子感情。
5. 自理能力。	宝宝清醒时让他独自玩一会儿。如果在宝宝的视线范围之内悬挂颜色鲜艳的玩具，宝宝会盯着玩具，玩一会儿，偶尔也会玩自己的双手。宝宝吃母乳就是他最早的自我照顾能力，虽然这个时候宝宝的所有活动都是本能反应，但是宝宝出生后要满足自己的生理需求，需要自己完成觅食、吮吸及吞咽等动作。

（二）3 个月婴儿日常活动方案清单

表 7–2　3 个月婴儿日常活动方案清单

活动分类	活动方案清单
1. 感知运动能力。	（1）俯卧抬头：继续训练俯卧抬头，方法同前，大部分这个月龄的宝宝头部能稳定抬起 90 度，前臂不仅可支撑头部抬起，还可以支撑胸部抬起。3 个月的宝宝颈椎的曲度已经形成，可以很好地控制自己的头部，此时的宝宝可以枕枕头，高度为 3~5 厘米。 （2）竖头：继续竖抱宝宝，使他能很快且稳定地竖起头来，并能控制头部左右摆动。 （3）翻身：将宝宝放置仰卧位，衣服不要太厚，分别在宝宝的两侧用宝宝感兴趣的玩具逗引宝宝，使宝宝从仰卧位翻到侧卧位，每日数次。一般情况下宝宝在 3~5 个月时会翻身都属正常。翻身对宝宝来说是比较复杂的动作，需要身体的协调性以及专注力。 （4）触摸：除以上的方法外，可抱宝宝坐靠在家长的胸前，在前面放上玩具，引导宝宝伸手去触、碰，每日数次，每次数分钟。 （5）大脑支配单个肢体的运动：为宝宝准备一个铃铛，先系在宝宝的一个手腕上，让宝宝看到在哪一个手腕上并帮助他摇响铃铛，反复摇响铃铛，引起宝宝的注意。重复这个活动。为了增加宝宝的兴趣，可以在小床或小车上系一条绳子，把气球和铃铛都系在绳子上，再在绳子的中间系一条绳子，绳子的另一端系在宝宝的手腕上，同样的方法通过运动让宝宝做到视觉和听觉信息的整合。一定要记住，不玩的时候把绳子解下来，放到远离宝宝的地方，以免发生意外。
2. 语言能力。	与宝宝对话：对于宝宝发出的不同的声音及音调，家长要及时给予不同的回应，使宝宝对不同的声音产生不同的反应。
3. 认知能力。	（1）视线转移：在宝宝清醒时，让宝宝看周围的人和物（最好是彩色的），并用两个物体（包括人）逗引宝宝，先让宝宝注视一个物体或人，然后拿出另一个物体或出现另一个人，训练让宝宝的视线从一个物体或人转移到另一个物体或人的能力。或者在宝宝注视一个物体或人时，迅速移开这个物体或人，让他在物体或人消失时去寻找。
	（2）听觉注意力：在宝宝安静清醒时给他一个能发出声音的玩具，在他的上方或两侧摇动，先让他听到声音，然后看到玩具。也可以用一个铃铛先让宝宝看到，然后迅速移开可以藏在身后，等几秒钟再把铃铛拿出来，让宝宝看到，以增加活动的趣味性。
4. 交往能力。	及时回应：互动方式同上，并注意观察不同情况下的哭声、叫声、笑声等，掌握宝宝的规律，以满足宝宝的要求。随着宝宝自主意识的建立，宝宝发出声音时都是有需求的，因此要积极地回应，并判断宝宝的需要。
5. 自理能力。	宝宝清醒时让他独立玩一会儿，哭闹时及时回应宝宝。

（三）4 个月婴儿日常活动方案清单

表 7-3　4 个月婴儿日常活动方案清单

活动分类	活动方案清单
1. 感知运动能力。	（1）前臂支撑：在原有俯卧抬头的基础上，训练宝宝用前臂支撑前身，将胸部抬起离开床面。这时可以在宝宝面前放一个玩具吸引宝宝以增加乐趣。前臂支撑可以锻炼宝宝的上肢力量及背部力量，为独坐和爬行做准备。 （2）翻身：用玩具吸引宝宝从仰卧位翻到俯卧位。在宝宝做翻身运动时，家长只需给他一个支撑力即可，更多地让宝宝自己调整身体的姿势，以体验身体运动的感觉，从而积累身体活动的经验。 （3）抓握或摇：在宝宝面前放上能发出声音的玩具，让宝宝伸手反复触及玩具，家长协助宝宝摇或敲打，也可让宝宝按照自己的方式玩。4 个月的宝宝有非常强烈的动手愿望，可以引导宝宝伸手去够取玩具，让宝宝体验主动运动的快乐，帮助宝宝体验成就感（宝宝自己伸手拿到玩具），这有利于宝宝建立身体的空间感。
2. 语言能力。	发声与对话：引导宝宝咿呀学语，并积极回应宝宝。4 个月的宝宝具备了基本的声音分辨能力，能分辨出男声和女声。在每天的固定时间，专注地和宝宝进行对话，这也是和宝宝建立良好沟通关系的第一步。
3. 认知能力。	（1）寻找目标：在宝宝的两侧摇响铃铛，让宝宝转头寻找铃铛在哪里，以丰富宝宝的视觉、听觉刺激。 （2）藏猫猫：家长用手绢遮住自己的脸，停留片刻然后迅速拉下手绢，宝宝会很高兴。也可以让宝宝拉下手绢，这样宝宝会更感兴趣，每天重复这个活动。
4. 交往能力。	表情反应：和宝宝玩时，有意识地给他不同的面部表情的图片，如笑、哭等，给宝宝示范不同的表情，观察宝宝对不同表情的反应，此时的游戏不是让宝宝去了解表情的内涵，而是让宝宝通过视觉储存信息，以备后用。
5. 自理能力。	（1）双手扶杯：在喂奶或喂水时，协助宝宝双手扶杯，锻炼其双手的协调性。日常的活动是提升宝宝自理能力的最好机会。 （2）准备添加辅助食品：满 4 个月的宝宝可以添加辅助食品，要遵守添加辅助食品的节奏和频率。掌握添加辅助食品的原则：四级过渡即流质食物—泥糊状食物—半固体食物—固体食物；少量多次即一种食物开始 1~3 勺，观察 1~3 天；无味到有味等，这一阶段是帮助宝宝建立良好饮食习惯的起点。

（四）5个月婴儿日常活动方案清单

表7-4 5个月婴儿日常活动方案清单

活动分类	活动方案清单
1.感知运动能力。	（1）翻身到连续翻滚：继续用玩具逗引宝宝翻身，使其翻身动作更加灵活，已经可以翻身的宝宝可以帮助其练习连续翻滚。连续翻滚的目的一方面是在翻滚过程中刺激宝宝的触觉发育，另一方面是促进宝宝身体协调性、专注力及前庭觉发育。 （2）靠坐或拉坐：这个月龄的宝宝坐着的姿势就像一只青蛙，由于宝宝的脊柱胸部曲度没有形成，应将宝宝放在有扶手的沙发或小椅子上，让宝宝靠坐着玩或家长给一定的支撑（旁边要有看护人，防止宝宝摔着），让宝宝练习靠坐，每日数次，每次3~5分钟。拉坐可以锻炼宝宝的上肢及腰背部力量，但在拉坐前要做好充分的准备，以免把胳膊拉脱臼。首先要帮宝宝做一周的肩关节运动即旋肩运动。当牵拉宝宝双手，宝宝有明显的抬头姿势时，再把宝宝拉回坐位。注意试着让宝宝用力，家长仅给很小的力，以后逐渐让宝宝握家长的手指拉坐起来，每日活动数次。 （3）蹲跳：扶着宝宝双侧腋窝，使其身体保持直立的姿势，让宝宝在大人的腿上或床上做上下蹲跳，蹲跳时宝宝的膝关节要弯曲。宝宝练习蹲跳，对以后的爬行很重要。 （4）手的抓握：将一个能发出声音的玩具放在宝宝面前，让宝宝发现并伸手去够取，引导宝宝推远、拉近或摇响玩具，允许宝宝按照自己的方式玩。
2.语言能力。	（1）和宝宝对话：引导宝宝咿呀学语，家长可以变化不同的声调和宝宝对话。和宝宝对话时，要看着宝宝的眼睛，叫宝宝的名字，让宝宝感觉你是在对他一个人说话，让他感觉到自己的重要性。 （2）看图片：并不是让宝宝认识图片的内容，而是促使宝宝获得视觉刺激。准备2~3张清晰的图片，和宝宝一起看。也可在固定区域张贴这些图片，告诉宝宝图片的内容。
3.认知能力。	（1）注视小物体：让宝宝靠坐在妈妈胸前或者沙发上，在宝宝的面前，放一些小物体，如小的积木、核桃、花生米、绿豆等，物体可从大到小排序，让宝宝看或触摸，注意不要让宝宝吃到嘴里。 （2）触觉感知：准备软和硬的一些纸，和宝宝一起抖纸、撕纸、揉纸，不同玩法发出的声音及纸的变化能使宝宝获得新鲜的感觉。也可以给宝宝一些彩色的积木或布类、海绵或其他物品，让宝宝体验不同质地的物体的属性。增加触觉训练可以促进宝宝大脑发育，防止触觉发育不良。
4.交往能力。	（1）照镜子：引导宝宝观察镜子中的自己和他人，可以转化方式，如离得近一些、远一些或者站在一侧，观察不同位置的变化，父母可以对宝宝说看到了什么。 （2）藏猫猫：这是宝宝非常喜欢的活动，这一活动伴随着他的成长。变换多种活动的方式，如先是找人物，然后找玩具等。
5.自理能力。	（1）自喂食物：给宝宝一些较软的能捏住的饼干，让宝宝自己拿着吃，允许宝宝弄得一片狼藉。但要防止食管或气管堵塞。 （2）添加辅助食品：没有添加辅助食品的宝宝，可以添加辅助食品了。

（五）6 个月婴儿日常活动方案清单

表 7–5　6 个月婴儿日常活动方案清单

活动分类	活动方案清单
1. 感知运动能力。	（1）独坐：在靠坐的基础上，让宝宝练习独坐。家长慢慢拿去支撑宝宝的物体，让宝宝独立坐。独坐也是一个漫长的过程，从生理上来讲 6～10 个月的宝宝学会独坐都属正常，所以不要着急。 （2）爬行：这个月龄的部分宝宝开始有爬行的欲望，开始时宝宝可能会在原地打转或后退，家长可把手放在宝宝的脚底，帮助他向前爬行，逐渐过渡到宝宝自己爬行，这个过程比较漫长，需要有耐心。6～10 个月是学习爬行的关键期，但需要为宝宝提供适宜的环境和方法，让宝宝体验到爬行的乐趣。 （3）抓取小物体：让宝宝靠坐或坐在地垫上，把小的玩具或其他物品放在宝宝面前，引导宝宝用手抓取，距离要从近到远，注意防止宝宝把东西吃到嘴里。
2. 语言能力。	（1）主动发音：这个月龄的宝宝会主动发出各种声音，吸引家长，家长要及时给予回应。并要坚持在一天的固定时间和宝宝进行交流。 （2）有目的地听：家长和宝宝一起听熟悉的音乐和节奏，比较欢快的音乐会让宝宝有愉快的体验。在听的过程中可以有意识地关掉音箱或家长停止说儿歌，这时观察宝宝的反应，宝宝一般都会看着音箱或家长。当看到宝宝专注地听的时候，再重新打开音箱或重复说儿歌，锻炼宝宝主动互动的能力。
3. 认知能力。	（1）选择物体：同时给宝宝 2 个形状或颜色不同的玩具，让宝宝自己选择喜欢的玩具，家长给宝宝说出他选的玩具的特点。也要允许宝宝按照自己的方式玩。要给予差异性比较大的玩具，玩具太相近，不便于宝宝鉴别和选择。 （2）双手够取玩具：给宝宝提供较大的玩具，放在离宝宝比较远的地方，引导宝宝伸手去够取。这个过程就是宝宝主动活动的过程。
4. 交往能力。	（1）叫名字有反应：在给宝宝食物、玩具以及抱起宝宝时，要叫宝宝的名字，让宝宝知道自己的名字。 （2）认人：这个月龄的宝宝开始认人了，对熟人和陌生人会有不同的反应。所以家长要给宝宝提供交往的机会，如外出和小朋友玩，走到社区广场看看都有哪些人，但时间不易太长。
5. 自理能力。	（1）自喂食物：让宝宝自己喂自己吃东西，从弄得一片狼藉到保持整齐、整洁的这个过程比较漫长，给予宝宝体验的机会，以满足宝宝的口腔触觉发育及协调性发育的需要。 （2）添加辅助食品：即便妈妈有足够的母乳，也要添加辅助食品了，因为宝宝需要更多的营养，也需要锻炼各种能力。 （3）双手捧杯：让宝宝学会用杯子喝水或喝奶，家长需协助宝宝双手捧杯。

（六）7~8 个月婴儿日常活动方案清单

表 7-6　7~8 个月婴儿日常活动方案清单

活动分类	活动方案清单
1. 感知运动能力。	（1）爬行：让宝宝继续练习爬行，可将玩具放在不同的位置，引导宝宝爬过去拿玩具。对于爬行不好的宝宝需要给予适当的协助。很多研究证明爬行对宝宝运动统合能力的发展十分重要。 （2）拉物站起：让宝宝练习拉着物体或床栏杆起来，可先扶着栏杆坐起，逐渐扶着栏杆站起。每日 3~4 次，每次 3~5 分钟。有部分的宝宝在开始站立时会有足尖着地的现象，这时可以给宝宝做足底按摩及足背屈角锻炼，每天数次。 （3）小钟摆：抱住宝宝的双侧腋下，使其脚离开床面，左右摆动宝宝的身体，开始的幅度不要太大，防止惊吓到宝宝。 （4）单手大把抓：给宝宝准备小的物体，如直径为 2 厘米左右的纸团、花生米、绿豆等，让宝宝练习大把抓，开始时宝宝可能会抓取或随便用手拨弄，也可以让宝宝按照自己的方式玩，但要防止宝宝把东西吃到嘴里，引起气管或食管堵塞。
2. 语言能力。	（1）发音：逗引宝宝发音，激发宝宝发音的兴趣，有的宝宝会叫爸爸、妈妈或大大等，家长要积极回应。 （2）看图片：给宝宝看熟悉的人物和物品的图片，给宝宝讲述图片的内容，一次 2~3 张就可以了，等宝宝熟悉后再增加，逐渐增加数量，而不是一次给太多，防止影响宝宝的专注力。在看图片和看图书的过程中，目的性不要太强，因为这时让宝宝看图片的最终目的是激发宝宝对阅读的兴趣。给宝宝准备一个玩具箱或玩具筐，把图书或图片放进去，或者准备一个小书架，把图片或图书放在上面，方便随时拿取，但记得看完后要放回原位。
3. 认知能力。	（1）爬行中的体验：在宽敞的地面上放上不同质地的地垫或纸张，让宝宝在上面爬行，丰富宝宝的触觉感知，也要允许宝宝随时停下来触摸这些物品，但需保证物品是安全的，更要保证宝宝的安全。注意远离热水瓶、电插座、餐桌上的桌布等危险物品，更要防止宝宝爬进厨房或卫生间，把这两个房间的门关好，防止出现意外。 （2）寻找视线以外的东西：先将有趣的玩具让宝宝玩一会儿，然后当着他的面把东西藏在身后或盖起来，让宝宝找，找到后给予鼓励，在玩的过程中训练宝宝与他人合作的能力，同时训练宝宝的观察记忆力。
4. 交往能力。	让宝宝多与人交往，以适应周围的人和物。
5. 自理能力。	（1）要吃饭：宝宝有了特别强烈的吃的欲望，看到大人吃饭，会往自己嘴里塞，此时注意给宝宝适合的食物，也就是注意辅助食品的质地和数量，以满足宝宝味觉及咀嚼能力的发展。 （2）习惯养成：不要忽略宝宝的睡觉习惯、吃饭习惯、洗漱习惯等任何行为习惯的养成。

（七）9~10 个月婴儿日常活动方案清单

表 7-7　9~10 个月婴儿日常活动方案清单

活动分类	活动方案清单
1. 感知运动能力。	（1）扶走：让宝宝扶物或扶家长的手站立，引导宝宝自己扶物迈步行走，从扶着东西逐渐过渡到牵着宝宝的一只手或让宝宝推着东西走，注意为宝宝提供足够的安全空间。但对于不会爬行的宝宝不能着急让其学走路，应先学会爬行再学习行走。一定不要给这一阶段的宝宝使用学步车。 （2）连续翻滚：很多宝宝有连续翻滚的意识，只是身体的协调性不是太好，需要家长协助锻炼。 （3）食指按压：在不用的食品盒子上面抠一些小的洞，让宝宝用食指抠洞，或让宝宝把和洞一样大小的东西用食指摁下去，也可以准备指压玩具，如电话玩具、有声音的音乐按压玩具等，锻炼宝宝手指的灵活性。 （4）放进去：引导宝宝把小的玩具放进大口的瓶子里或小碗中。要防止宝宝把小的玩具吃到嘴里，发生气管或食管堵塞。
2. 语言能力。	（1）模仿发音：部分这个月龄的宝宝会叫爸爸妈妈，家长要及时回应，同时吸引宝宝主动发音，以激发宝宝主动表达的欲望。宝宝在重复的过程中会逐渐理解语言与行为的关系，提高语言能力。 （2）肢体语言：宝宝即可以模仿动作也可以主动表达，所以家长要尽可能用夸张的动作引起宝宝的兴趣。 （3）图书图片：给宝宝准备清晰的图书或图片，最好每天固定时间和宝宝一起阅读，培养宝宝的阅读兴趣。
3. 认知能力。	（1）模仿动作：让宝宝有意识地模仿一些动作，如把玩具拿过来，把玩具从盒子内倒出来，自己拿碗喝水等，每次只给宝宝一个指令，方便宝宝理解和模仿。扔东西是这一阶段的宝宝共有的特点，是其探索周围环境和物体的方式。可以准备一个玩具筐，把可以扔的玩具放在里面，每次玩的时候把这个玩具筐拿出来，活动结束后再把玩具放回玩具筐，经过重复活动流程，宝宝就会理解可以扔的玩具在哪里，也有利于宝宝良好习惯的养成。 （2）认图视物：给宝宝看熟悉物品的图片，要图象清晰、色彩鲜艳，教宝宝认识动物及常见的物品，每次认 1~2 种，每天 1~2 次，每次 3~5 分钟。 （3）拉绳取物：让宝宝玩拖拉玩具，引导宝宝用绳子把玩具拉过来，反复这个活动。通过游戏的方式使宝宝逐渐理解各种事物之间的联系。
4. 交往能力。	（1）与同伴交往：扩大宝宝的交往范围，为宝宝寻找同龄伙伴，学会摸或者握对方的手、注视微笑等。 （2）动作模仿：和宝宝玩多种玩具，引导宝宝将手中的玩具拿起、放下，家长需给宝宝做示范，让其模仿。并反复用语言示意他“把……拿起来”“把……放下”等。
5. 自理能力。	（1）使用适合的餐具：这个月龄的宝宝吃饭方式发生改变，餐具也应改变，因此应注意给宝宝提供适宜的碗和勺子。 （2）穿衣配合：每天给宝宝穿衣服时，引导宝宝伸手或伸腿，配合穿衣服的过程。穿衣的过程是让宝宝体会支配自己身体的过程。

（八）11～12 个月婴儿日常活动方案清单

表 7-8　11～12 个月婴儿日常活动方案清单

活动分类	活动方案清单
1. 感知运动能力。	（1）独站独走：多数宝宝能稳定地独自站立，并开始独自行走，一开始由家长牵着，慢慢到自己独立行走。虽然宝宝可以站立行走，但爬行活动依然是这个阶段宝宝的主要活动。 （2）体位变化：在保证宝宝安全的情况下，用玩具或宝宝感兴趣的东西逗引他，让宝宝从卧位、坐位到站立位再到蹲位，体验不同体位的变化，锻炼宝宝的身体协调能力和专注力。 （3）障碍爬：爬行依然是这个阶段宝宝的主要活动，可以在地垫上放靠垫、枕头等，让宝宝从上面爬过去，也可以带宝宝到娱乐城或社区的娱乐场所，体验各种爬行，但要保证宝宝在活动中的安全。 （4）涂鸦：宝宝非常喜欢到处涂涂画画，他感觉手中的笔非常神奇，宝宝可以通过涂鸦来实现自己的想法。给宝宝适合的笔和足够大的纸，让宝宝自由涂鸦，并给宝宝的作品写上名字，以激发宝宝的兴趣。
2. 语言能力。	（1）主动发音：宝宝能主动叫爸妈，能称呼他人，并说出熟悉的物体的名称，能用简单的字来表达自己的愿望。但家长要注意与宝宝交流的方式，说话要慢、清楚，必要时重复，要给予宝宝说的机会，不要替代宝宝说，不要评价宝宝怎么说的或者教他怎么说，语言发展也是一个自然过程，同样需要环境和机会。 （2）一问一答：基本是家长自问自答，但这个过程对宝宝很重要，当问到宝宝时他会非常认真地听，仔细观察会发现宝宝也在认真地想。
3. 认知能力。	（1）用棍子取物：家长有意识地把玩具放在不同的方位，如床上、桌子下面、沙发底下等，并有一定的距离，引导宝宝如何使用小木棍或其他东西拿到玩具，以培养宝宝解决问题能力。 （2）藏起来，滚出来：准备一个小的盒子，将盒子靠下面的一角剪去。把乒乓球或可以滚的玩具放在盒子里，让玩具从剪去的一角滚出来，反复这个活动。宝宝会拉、挤、摇盒子，设法把玩具拿出来。 （3）认识颜色：准备 1～2 种或 2～3 种不同颜色的玩具或图片，引导宝宝认识颜色。当确认宝宝认识一种颜色时，引导宝宝找出生活中同样颜色的东西，等确认宝宝确实认识这种颜色后再教另一种颜色。如果同时认识多种颜色，容易造成宝宝的认知混乱。
4. 交往能力。	（1）平行玩：宝宝喜欢和小伙伴一起玩或把毛绒玩具当伙伴，会相互模仿他人的动作和叫声，体验和小伙伴在一起的快乐。 （2）听指令：让宝宝理解简单的指令，如把玩具放在箱子里，把玩具给妈妈等，每次完成后给予鼓励。重复这样的活动，让宝宝尝试如何和他人合作。
5. 自理能力。	（1）独立吃饭：让宝宝自己吃饭，这样可能会把衣服弄脏，但宝宝很满足，应该为宝宝提供机会。独立吃饭是宝宝自我照顾能力的最好体现。 （2）去卫生间：家长应提示宝宝大小便时到卫生间，并在固定的位置，为宝宝提供便于使用的坐便器或便盆。在成长的过程中有很多的身体体验，不同的体验给宝宝的感受或经验也是不同的，控制大小便会让宝宝感受到身体内在的控制力。

（九）13～15 个月幼儿日常活动方案清单

表 7-9　13～15 个月幼儿日常活动方案清单

活动分类	活动方案清单
1. 运动感知能力。	（1）扔球：在相对宽阔的场地，引导宝宝双手举球过肩，向前扔球，扔球可以锻炼宝宝的身体控制能力和空间知觉能力。 （2）上台阶或上楼梯：这个阶段的宝宝非常喜欢上上下下，这对宝宝来说是很好的身体平衡能力和控制能力的锻炼，上下台阶或楼梯时，主要采用牵拉宝宝的方式，要避免肘关节或肩关节脱臼的意外发生（详见本书的“意外伤害的防护与急救”章节内容）。 （3）搭积木：给宝宝 2～3 块积木，让宝宝搭积木，允许宝宝按照自己的方式玩。积木是宝宝非常重要的玩具，能很好地锻炼手眼脑协调能力和空间知觉能力。 （4）拧瓶盖：家长为宝宝选择大小不一的带瓶盖的瓶子，把瓶盖拧下来，让宝宝识别大小，但一次只能拿 2～3 个，太多了宝宝不易分辨。拧开瓶盖对宝宝来说有一定的难度，家长可以协助，主要是让宝宝学会通过双手合作来完成一件事情。
2. 语言能力。	（1）称呼家人：宝宝开始称呼与其生活密切相关的人，如爸爸、妈妈、爷爷、奶奶等。宝宝有了比较好的自我意识，知道自己的名字。在宝宝还没有走稳的情况下，当听到有人叫他时，他会回头看叫他的人；当宝宝会走路了就会直接走过去。 （2）说儿歌：宝宝会重复我们所说的话的最后的一个字或几个字。选择节奏欢快的儿歌，和宝宝边说儿歌边做动作。听觉是语言发育的基础，宝宝要储存足够的听觉信息才能更好地促进语言的发育。 （3）表达需要：引导宝宝说出自己想要的或想吃的，但部分宝宝仍以肢体语言为主，家长说出宝宝的需要，让宝宝在听的过程中积累语言信息。切忌经常让宝宝用点头代表“是”或摇头代表“不是”，长期如此就会影响宝宝的语言发育。
3. 认知能力。	（1）数数：随意数数，增加宝宝对数的感知，生活中到处都有数字，如和宝宝一起上楼梯时数台阶，数数家里有几个人，桌子上有几个水果等。 （2）配对：准备一组相同的关于水果或动物的图片，让宝宝找出相同的，并给图片分类。让宝宝观察物体的相同和不同，找出事物之间的相互关系，激发宝宝的探索欲望。 （3）镶嵌图形：通过镶嵌图形的游戏，引导宝宝认识最基本的圆形、方形、三角形等，并结合日常用品认识相关图形，引导宝宝观察和理解物体之间的共同点。
4. 交往能力。	（1）照顾布娃娃：让宝宝学会使用喂饭、盖衣服、抚摸等动作照顾布娃娃。也可以让宝宝给妈妈爸爸抚摸或捶捶背等，体验关爱他人的快乐。 （2）和家长一起游戏：可以每周组织一次家庭聚会，并和宝宝一起表演儿歌或其他集体的游戏。在家里尽可能选择能让家里的多数人都参加的游戏，让宝宝体验大家庭的快乐，并学会如何与大家合作，这些都有利于宝宝交往能力的发展。

续表

活动分类	活动方案清单
5. 自理能力。	（1）认识自己的家：要提醒宝宝观察小区环境的特点和明显标志，比如一个花园、一个有特点的水池或者广场等，这也是对宝宝的安全教育。 （2）脱掉鞋帽：让宝宝把自己的鞋帽脱掉，并放在固定的地方，宝宝不需要帮忙时家长就不要帮忙。

（十）16～18 个月幼儿日常活动方案清单

表 7–10　16～18 个月幼儿日常活动方案清单

分类	活动方案清单
1. 感知运动能力。	（1）学跑：当宝宝走稳后，就可以开始练习跑了。家长可以和宝宝一起慢慢地跑。 （2）踢球：让宝宝站稳后踢球，保证踢球的方向向前。如果宝宝站不稳，家长可以扶着宝宝踢，逐渐过渡到宝宝独自站立踢球。 （3）原地双脚跳：家长双手牵着宝宝的双手，向上牵拉一下宝宝，给宝宝身体向上的感觉，反复这个活动，让宝宝体验自己身体的力量和对其的控制能力。 （4）用棍取物：把宝宝喜欢的玩具放到宝宝够不到的地方，比如把玩具放在沙发底下，给宝宝提供一个小棍，引导宝宝尝试取出玩具。
2. 语言能力。	（1）使用语言：在家长的引导下，宝宝会说再见、谢谢、欢迎等，也会用食指表示 1 岁等。 （2）认识图片：和宝宝一起读书或看图片，让宝宝从图中找出常见的人或物。为了养成习惯，每天固定时间进行。
3. 认知能力。	（1）寻找物品：玩藏猫猫，如当着宝宝的面把一件东西藏在一个地方，待宝宝取出后，藏到第二个地方（这次宝宝没看到），看宝宝能否立即找到。 （2）玩沙子：给宝宝准备一个盛沙子的盆子，里面放上玩具，如稍大的勺子或小桶，允许宝宝按照自己的方式玩，但要防止沙子进入宝宝的眼睛或嘴巴。
4. 交往能力。	（1）情绪表达：在生活中让宝宝学会表达自己的情绪，如“你高兴吗？”“生气了是吗？”等。不管宝宝有怎样的情绪，家长都要接纳。 （2）独立玩：给予孩子独立的时间，在安全的情况下，给宝宝准备好玩具，让宝宝一个人按照自己的方式玩。
5. 自理能力。	（1）洗手：让宝宝自己洗，并学会用毛巾擦手，宝宝很乐意自己做。 （2）自己会坐便盆：及时说出大小便需求，白天一般不会尿湿裤子。

（十一）19~21 个月幼儿日常活动方案清单

表 7-11　19~21 个月幼儿日常活动方案清单

活动分类	活动方案清单
1. 感知运动能力。	（1）倒退走：宝宝走稳后可以学着倒退走，在宽阔平坦的场地，家长和宝宝一起尝试倒退走，在宝宝的身后叫着宝宝的名字做引导，要防止宝宝摔倒。 （2）踮脚尖走：21 个月左右，宝宝就可以用脚尖走路了。家长说“长高了”的同时踮起脚尖走路，让宝宝模仿。也可以通过游戏的方式进行，如“小猫走路静悄悄”，有时宝宝只会踮脚，但不会向前走，因为踮起脚尖后不容易控制身体的平衡，反复练习几次宝宝就能学会。 （3）倒水：倒水可以锻炼宝宝手的控制能力。准备小碗、杯子和水，让宝宝把杯子中的水倒入碗中，然后再倒回去，反复练习这种活动。 （4）串珠：串珠是锻炼宝宝手眼脑协调能力及专注力的较好的方式之一。给宝宝 15~20 个不同颜色或不同形状的串珠，让宝宝根据颜色或形状进行串珠。不要过多地限制宝宝的活动，要尊重宝宝的兴趣，允许宝宝自由发挥。
2. 语言能力。	（1）说儿歌：让宝宝经常听节奏明快的儿歌，与宝宝一起说他熟悉的儿歌，这是宝宝语言锻炼的重要方式。 （2）说完整句子：在和宝宝交流的时候，对宝宝说完整的句子，如“这是一个苹果”，“我要喝热水”等，宝宝也会模仿家长的说法，这样可以增加宝宝的词汇量。 （3）辨声音：引导宝宝观察自然现象，和宝宝一起专注地听是什么声音，如风声、雨声、汽车鸣笛声或动物的叫声等，并引导宝宝模仿，使其体验自然界带来的乐趣。
3. 认知能力。	（1）配对：给宝宝提供实物和图片两种形式的物品，让宝宝尝试实物和图片的配对游戏，使宝宝学会从多方位观察事物，了解物体之间的相同和不同。 （2）了解物品名称和用途：家长向宝宝展示物品，如香皂、碗、勺子、剪刀、钥匙等，这有利于宝宝准确选择日常生活所需，同时让宝宝学会利用周围的环境来解决问题。 （3）区别大小：给宝宝一组差异明显的图形，或多个大小不一的东西，让宝宝说出大小、高矮、粗细、长短等，生活中要提示宝宝观察不同物体的区别。
4. 交往能力。	（1）模仿：宝宝喜欢模仿大人做事，也非常愿意给大人帮忙，让宝宝做一些力所能及的事，如摆小凳子、擦桌子、拿东西、把玩具放到玩具箱里等。在安全的前提下，家长给宝宝示范具体的方法，并充分发挥其积极性，让宝宝在活动中体验成就感。 （2）和同伴玩：与同龄的伙伴一起玩，参加集体活动，学会分工及合作，体验团队的力量。宝宝在无意中能学会许多。 （3）情感表达：听故事，知道故事中的不同人物特征，与宝宝一起分享不同人物心理。和宝宝讨论什么事情是可以做的，什么事情是不可以做的，虽然宝宝不能完整表达，但可以养成和宝宝讨论的习惯。

续表

活动分类	活动方案清单
5. 自理能力。	（1）脱衣服：脱衣服能展现宝宝的全身协调能力，如伸手、仰头、抬脚等。宝宝在一举一动中积累经验，提升自我照顾的能力。 （2）穿脱松紧带裤子：锻炼宝宝穿脱松紧带裤子，必要的时候给予协助，每天睡前都让宝宝自己先动手，并养成习惯。 （3）自己吃饭：这个月龄的宝宝完全可以自己吃饭了，让宝宝坐在饭桌前同大家一起吃，体验家庭氛围，养成良好的用餐习惯。家长需给宝宝示范正确的餐桌礼仪，做好餐桌教育。

（十二）22~24 个月幼儿日常活动方案清单

表 7-12　22~24 个月幼儿日常活动方案清单

活动分类	活动方案清单
1.感知运动能力。	（1）跨越障碍走：在宽敞的场地上放些砖块或小的木板或木棍，也可以在地上放上圆形的玩具，让宝宝在上面走或者越过这些障碍走，但要注意这些用具的安全，防止宝宝走路时摔倒。 （2）走曲线：在地上画一条弯弯曲曲的线，在行走的过程中宝宝可以体验到身体倾斜的感觉。开始时曲线不能太弯曲，等宝宝熟悉后，可以增加弯曲的程度。这有利于宝宝身体平衡能力及专注力的发展。 （3）随意涂鸦：给宝宝准备油画棒或比较粗的彩笔和比较大的纸，让宝宝涂鸦，还可以让宝宝给自己的涂鸦起个名字，并讲讲画的是什么，家长可以展示宝宝的作品，也可以做个画册保留起来，以激发宝宝的兴趣。 （4）套盒：引导宝宝按照从大到小或从小到大的顺序将盒子套在一起，一开始，宝宝会随意摆放，反复操作后就能找到规律，做到按顺序放入，如此宝宝便能慢慢理解从小到大或从大到小的顺序概念。
2. 语言能力。	（1）说清楚他人的姓名：引导宝宝说出熟人的名字，这有利于宝宝交往能力的发展。 （2）用“我的”来表达：引导宝宝使用“我的”，而不再说“这是宝宝的”。如家长问：“谁的鞋？”宝宝答：“我的”。家长在与宝宝交流时要经常说“你的”“我的”“他的”“大家的”“你们”“我们”等，加深宝宝的理解。从生理上讲，2 岁左右的宝宝不能完全理解你我他的关系，因此不要强迫这个阶段的宝宝去分享。 （3）说出熟悉物品的名称：引导宝宝说出熟悉物品的名称，和宝宝讨论还看到了什么，锻炼宝宝的语言表达能力。

续表

活动分类	活动方案清单
3. 认知能力。	（1）了解职业：让宝宝观察生活中不同职业者的着装，并告诉宝宝这些职业的特点，让宝宝感受到每种职业都值得尊重。 （2）分水果：给宝宝准备一盘水果模型或在生活中让宝宝给妈妈、爸爸分水果，通过游戏的方式让宝宝理解数字的实际意义。 （3）粘帖画：准备一些色彩明亮的餐巾纸、包装纸等，引导宝宝将这些纸撕成小块，和宝宝一起把碎纸片粘在一张白纸上，和宝宝讨论拼贴画的过程或者贴的像什么。
4. 交往能力。	（1）发脾气：这个阶段的宝宝进入了第一个逆反期，开始要求独立，这是宝宝成长的标志。要接纳宝宝的情绪，最好让宝宝生活规律，在安全的情况下允许宝宝按照自己的方式做事情。 （2）表达亲情：这个阶段的宝宝情感较为成熟，对父母或亲近的人表现较亲热。父母和宝宝长时间的分离会让宝宝缺乏安全感，如果不得已要分离，在分离期间要和宝宝保持定期的沟通，让宝宝感受到父母就在身边。安全感是交往能力的基础，也是宝宝未来处理关系的基础。 （3）角色扮演：通过假扮游戏，体验不同人物的情感，引导宝宝学会理解他人的感情及交往的方式，允许宝宝根据自己的想象改编故事。
5. 自理能力。	（1）使用筷子：让宝宝使用筷子独立吃饭。筷子能促进手的小肌肉的发育，同时促进大脑的发育。 （2）“自己的”：在卫生间或宝宝的房间准备适合宝宝放东西的衣柜和挂钩，让宝宝把自己用过的东西随时放回原处。

（十三）25~30 个月幼儿日常活动方案清单

表 7-13　25~30 个月幼儿日常活动方案清单

活动分类	活动方案清单
1. 感知运动能力。	（1）连续跳跃：在相对宽敞平坦的地方，引导宝宝双脚连续跳，家长应给予不会跳的宝宝适当的协助。 （2）接住从地面滚来的球：家长和宝宝面对面距离 2 米左右，一起玩滚球和接球的游戏，逐渐增加距离和变化滚球的速度，增加宝宝的兴趣，锻炼宝宝的视觉判断能力和身体协调能力。 （3）踢球：用纸箱做个球门，或者父母站在对面当作球门，让宝宝向球门踢球，开始距离比较近，逐渐增加距离，让宝宝体验怎样利用脚及腿的力量，才能把球踢得更远。 （4）拼切分图：让宝宝把切成 3~5 份的图形复原，开始时先让宝宝看一下整体图形，然后打乱顺序，让宝宝再拼成完整的图形，可以逐渐增加活动的难度。这个活动能帮助宝宝理解物体的整体和部分的联系。

续表

活动分类	活动方案清单
2. 语言能力。	(1) 说出动物的特征：让宝宝观察生活中常见动物的特征，如兔子的尾巴短、长颈鹿的脖子长、大象的鼻子长等。和宝宝讨论这些动物的特点，如它们的颜色、喜欢吃什么等，以丰富宝宝的语言表达。 (2) 看图书或图片：在家里给宝宝建立一个图书角，准备一些宝宝喜欢的绘本或图片，方便宝宝随时翻看。坚持每天在固定的时间和宝宝一起读书，也可以尝试让宝宝给家长讲他喜欢的图书或故事，以激发宝宝的兴趣。 (3) 听口令做动作：让宝宝根据口令做动作，如伸伸腿、点点头、双手向上或向下等，这些活动能让宝宝更好地理解语言及支配自己的身体。
3. 认知能力。	(1) 图画补缺：准备几张宝宝熟悉的图片，引导宝宝找出图中缺少或不一样的地方，锻炼宝宝对事物的观察力。 (2) 分类：把不同的东西或玩具放在一起，让宝宝把相同的挑出来。和宝宝数数各有多少个，给宝宝做示范。对于明显的多和少，宝宝容易辨别，数量相近时，就不容易辨别，通过数数的方式来区分，通过这种比较方法，增加宝宝对数的理解。 (3) 观察自然现象：让宝宝观察天气的变化，感受晴天、刮风、下雨、下雪等有什么不同，了解不同季节的天气变化，增强宝宝对自然界的认识。
4. 交往能力。	(1) 交朋友：宝宝喜欢主动和小朋友交往，并能友好相处。给宝宝机会，让他们自己解决问题。 (2) 了解性别：应该很自然地和宝宝讨论有关性别的话题，让宝宝讲述自己的性别、家里人和小朋友的性别，也可以通过照片来指认性别。了解不同性别的人穿戴是不同的，此时可以对宝宝进行性教育启蒙。
5. 自理能力。	(1)刷牙：引导宝宝独立刷牙，家长给宝宝示范正确的刷牙姿势。口腔卫生对宝宝的健康很重要，牙齿的护理应从出乳牙就开始，并要定期给宝宝做好口腔保健。 (2) 解系扣子：解系扣子需要手指的灵活性，并且双手要配合好才能解开。家长可以给宝宝准备带有各种扣子的衣服让宝宝练习，也可以让宝宝在帮助整理衣服的过程中练习解系扣子。

(十四) 31~36 个月幼儿日常活动方案清单

表 7-14　31~36 个月幼儿日常活动方案清单

活动分类	活动方案清单
1. 感知运动能力。	(1) 平衡木：平衡木活动伴随宝宝的成长过程。宝宝一旦站在高处就不易保持平衡，保持平衡需要宝宝有很好的身体控制能力及专注力。宝宝开始体验有挑战性的活动时，都需要家长的协助，正确的方法是让宝宝抓住家长的手，而不是家长抓住宝宝的手，这个简单的动作其实是在传递让宝宝对自己的行为负责、父母只是协助者的信息。

续表

活动分类	活动方案清单
1. 感知运动能力。	（2）攀爬：宝宝很喜欢爬上滑梯或攀爬架来体验自己身体的功能，不要以不安全为理由限制宝宝的活动。宝宝坚持要攀爬，并且没有太大的危险就可以和宝宝说："你一定要爬上去吗？好吧，我支持你，但你一定要注意方法。"然后和孩子讨论具体的方法。这种谈话模式就是要让宝宝感受到，不管遇到任何困难，父母永远是他的支持者。 （3）跷跷板：坐跷跷板是宝宝非常喜欢的运动，其能让宝宝学会在运动中如何保持身体的平衡和协调，以及如何与他人合作。 （4）搭积木：在搭建积木的过程中，宝宝会理解不同形状之间的关系。积木可以满足宝宝的创造欲望，使其体验成就感。给宝宝准备不同形状的积木，让宝宝根据自己的想法随意地搭建，家长不要限制宝宝的玩法，也不要强迫宝宝照着图纸的要求搭建。
2. 语言能力。	（1）说反义词：说反义词伴随宝宝的成长过程，这个阶段的宝宝虽然还不能完全理解反义词，但在日常生活中家长可以和宝宝做反义词的游戏，如爸爸高、妈妈矮，妈妈高、宝宝矮，爸爸的手大、宝宝的手小等，还有粗细、胖瘦、轻重、厚薄等。这一活动会激发宝宝的想象力，因为有些词语比较抽象，宝宝有时说不出来就会大笑，这也是宝宝充分展示自己幽默感的机会。 （2）听重复的故事：宝宝喜欢重复听一个故事时，说明宝宝还没有完全理解故事的内容逻辑，等宝宝提问时，再和宝宝讨论故事中的问题，例如，故事中都有谁？他们在干什么？通过讨论我们会了解宝宝的想法，也可以和宝宝一起回忆故事，并引导宝宝了解一些生活中没有见过或听过的事情，以丰富宝宝的想象力。
3. 认知能力。	（1）说名称：说出生活中常用物品的名称，如电话、冰箱、雨伞、自行车、汽车等，引导宝宝观察不同物品的特性。 （2）方位：让宝宝认识身体前后方位的不同，然后让宝宝描述自己的周围都有什么，培养宝宝观察力与正确的判断力。 （3）折纸或撕纸：准备一些彩色的纸，引导宝宝简单地对折，在折纸的过程中，不要限制宝宝一定要折出什么形状来，可以让宝宝根据自己的愿望玩，也可以把纸撕成各种的形状，和宝宝讨论玩纸的过程，以激发宝宝动手创造的兴趣。
4. 交往能力。	（1）游戏：和孩子玩猜拳游戏，宝宝很喜欢这种游戏，在玩之前要让宝宝了解游戏的规则，让宝宝了解输赢。 （2）等待：让宝宝学会控制自己、学会等待。要告诉宝宝大概的时间，如"请等5分钟"，虽然宝宝对时间理解不准确，但这会增加宝宝的期望，以便其更好地控制自己。
5. 自理能力。	（1）自己穿鞋袜：开始的时候宝宝会比较慢，所以要给宝宝足够的时间，在宝宝成长过程中，家长永远只是协助者而不是代替者。 （2）购物：在去商场购物之前，让宝宝说出想要东西的名称及数量。除非贵重的物品，一般的日常用品一定给宝宝选择的机会，让宝宝选择自己所需要的。需要提醒的是，在购物时一定告诉宝宝可以花钱的数量，而不是买几样东西，因为东西的价格不好控制；如果给了10块钱，宝宝就会计划自己买多少，这样既能避免家长的尴尬，又有利于培养宝宝的自我管理能力。

二、3~6 岁幼儿日常活动方案清单

现实教学中对于 0~3 岁的婴幼儿和 3~6 岁的幼儿在教学设计上有很多差异，为了便于教师理解，3~6 岁幼儿日常活动方案清单在内容设计上仍延续了 0~3 岁的五个领域，即感知运动能力、语言能力、认知能力、交往能力和自理能力（详见表 7-15 至表 7-20）。由于大部分的幼儿园有园本课程和特色课程等丰富的教学内容，这里所提供的日常活动清单依然是教师教学活动的参考，更多是用于教师和家长的沟通，也就是给家长提供在家庭生活中的活动方案，同时引导家长以发展的眼光看待孩子的成长过程。在本书的家园共育部分，我们特别设计了和家长沟通的清单要点，教师在使用与家长沟通的清单时也可以参考本章节的内容。在使用本清单时教师需要思考以下的问题：

①如何引导家长客观看待孩子的个性特点？

②什么样的方案更适合家庭活动？

③如何引导家长给予孩子需要的支持？

④教师应该如何获得家长的支持？

（一）3~3.5 岁幼儿日常活动方案清单

表 7-15　3~3.5 岁幼儿日常活动方案清单

活动分类	活动方案清单
1. 感知运动能力。	（1）钻洞和骑三轮车：引导孩子爬入或弯腰钻入比自己矮的洞，有的宝宝开始的时候会碰头，要注意防护，慢慢练习后就不会碰头了。在宽阔的场地，让孩子体验骑三轮车。这些活动不是单纯地保持身体平衡就可以的，同时还要求孩子观察周围的环境。 （2）拍球：拍球需孩子的注意力高度集中，学龄前孩子的运动锻炼对学习专注力发展非常重要。 （3）捏面团：准备橡皮泥或面团，让孩子根据自己的想象力随意捏。这一活动既能锻炼孩子的动手能力，又能激发孩子的创造力。
2. 语言能力。	（1）礼貌用语：使用如“谢谢”“您好”“再见”“对不起”“没关系”等礼貌用语，养成良好的习惯。如果孩子不说也不要强迫和说教，做正确的示范就可以，这对孩子会有潜移默化的影响。 （2）问答或讨论：和孩子一起看书，引导孩子说出书上有什么或他们在干什么，也可以通过提问的方式和孩子进行简单的讨论，以激发孩子的兴趣，丰富孩子的语言。让问答和讨论成为一种习惯，不管是在托幼机构还是在家里，这种方式不仅对孩子的语言发展很有帮助，同时还能提高他的想象力和思维能力。 （3）命名：让孩子给自己画的画、捏的橡皮泥等作品命名，家长协助写上孩子及作品的名字，孩子说什么就写什么，不纠正孩子的说法。

续表

活动分类	活动方案清单
3. 认知能力。	（1）认形状或颜色：引导孩子认识圆形、方形、三角形等形状或认识多种颜色，关注生活中的形状和颜色。把玩具分别按颜色和形状分类，通过分装玩具的游戏，孩子可以记住颜色和形状。辨别形状和颜色有利于空间知觉能力的发展。这种活动需要反复练习才能加深孩子的印象，切忌急功近利，急于求成反而会适得其反。 （2）解决问题：锻炼孩子解决问题的能力，如东西找不到怎么办？够不到玩具怎么办？冷了怎么办？保证安全的情况下按照孩子的办法试一试，让孩子了解哪些是可行的，哪些是不可行的。通过活动让孩子体验成就感，建立自信心，培养其解决问题的能力。 （3）了解容量大小：准备大小不一的箱子、瓶子或碗，再准备好小的玩具，用小的瓶子或碗盛玩具或其他物品，再倒入大的瓶子或碗里，引导孩子观察哪个盛的多，几小碗（瓶）才能盛满一大碗（瓶）。同样让孩子把玩具放进小箱子，倒出来放进大箱子，观察哪个装的多，等等。通过反复练习，孩子自己就会得出结论。 （4）方位：认知方位如上、下等，引导孩子使用方位词，如“小汽车在桌子上面”，“球在桌子下面”等。
4. 交往能力。	（1）帮忙：孩子很喜欢给家长帮忙，在家里或外出时帮家长拿比较轻的东西，在家里帮助家长做适当的家务等。帮助他人是能力的体现，有利于孩子自信心的发展。但所有的活动都要保证孩子的安全。 （2）合作：让孩子参加集体的活动，比如和小朋友一起搭积木，一起收拾活动场地等，让孩子体验合作带来的愉快。在家里给孩子提供参与家庭活动的环境，比如打扫卫生（擦地板），整理房间等，让孩子成为团队中的一员，体验自己的重要性。 （3）模仿与合作：选择节奏明快的曲子，和孩子一起拍手、扭动身体等一起跳舞，体验快乐的氛围。
5. 自理能力。	（1）洗脸漱口：让孩子自己洗脸、漱口（吐出水不吞咽）等。 （2）记住自己的家：引导孩子记住自己家的位置等，外出时让孩子带路回家，以加深孩子对家的位置的印象。 （3）自己脱衣服：独立脱外衣或袜子等，家长需要耐心等待孩子自己完成。

（二）3.5~4 岁幼儿日常活动方案清单

表 7-16　3.5~4 岁幼儿日常活动方案清单

活动分类	活动方案清单
1. 感知运动能力。	（1）单脚站立或跳远：引导孩子单脚站立或跳远，可以在地面画上间距 20 厘米的格子，让孩子跳过去。单脚站立和跳远可以锻炼孩子的身体平衡和协调能力。 （2）继续玩球：引导孩子举球过肩扔球或投球，锻炼上肢力量。

续表

活动分类	活动方案清单
1.感知运动能力。	（3）涂鸦或画毛线团：给孩子准备带有轮廓的图形，让孩子涂鸦不出轮廓，也可以让孩子画直线或毛线团。要允许孩子按照自己的想法涂鸦，关注孩子的兴趣，不强迫。涂鸦有利于孩子手眼脑的协调及空间知觉的建构。不管孩子画得怎样都不要有消极的评价，让孩子讲讲自己的创意，以激发孩子的兴趣。 （4）切面团：准备一个安全的刀子以及橡皮泥或面团，让孩子把橡皮泥或面团切成段。
2. 语言能力。	（1）背诵儿歌：有节奏的儿歌是孩子们非常喜欢的。在幼儿园里教师会给孩子准备很多的儿歌，在一日生活中很多环节都会使用这些儿歌。这一活动能激发孩子说的兴趣。 （2）说反义词：孩子可以理解反义词的意义，和孩子玩说反义词的游戏，以激发孩子的想象力，锻炼其准确的语言表达能力。 （3）讲一件物品或图画：说物名、用途、颜色等，引导孩子说出对物品的印象和感觉。在孩子说的过程中，不打断、不评价，允许孩子重复，孩子有时会语无伦次，这个过程中孩子会整合自己的语言逻辑。如果打断和评价就会影响其语言表达的兴趣。另外需要提醒的是不要轻易说孩子的语言发育迟缓，因为孩子语言发育受很多因素的影响，且不同的孩子有个体的差异。
3. 认知能力。	（1）认识四季：大部分幼儿园会设计主题活动，引导孩子观察一年四季有什么不同，增加孩子对自然界的感知。 （2）比较多少：先从少到多开始对比，如妈妈两个苹果，孩子一个苹果，妈妈比孩子多一个，妈妈的多，孩子的少。把5个苹果和1个苹果分别放在两个盘内，让孩子指出哪个多，哪个少。学习数字必须结合实物，孩子才好理解，并要反复练习。 （3）辨别味道：准备几个瓶子，分别装上酒、醋、糖水、白水及气味非常淡的香水或其他有味道的东西，让孩子闻一闻，说出他闻到的味道，并和他讨论这是什么东西的味道。在吃饭的过程中和孩子讨论饭菜的味道，能丰富其味觉感知，增加其吃饭的乐趣。
4. 交往能力。	（1）引导孩子主动收拾餐桌：吃完饭后让孩子收拾餐桌，如把碗送到厨房、擦桌子、把凳子放回原处等，注意保证孩子活动中的安全。 （2）主动找朋友：孩子会主动找小伙伴去玩，这时家长不要限制孩子应该和谁玩或不应该和谁玩，允许孩子按照自己的方式交朋友，即便发生争执等不愉快的事，孩子们也有他们自己解决问题的方法，孩子会从中积累经验，学会怎么和他人交往等。 （3）娃娃家：在家里的一角准备一些日常的用品，经常和孩子一起做娃娃家的活动。这个活动可以持续很长时间，当然不同阶段的孩子玩法不同。
5. 自理能力。	（1）自己上厕所：让孩子学会自己照顾自己，必要时给予很少的协助，尽量让孩子独立完成。 （2）自己选择穿什么衣服：孩子的衣服应放在方便孩子拿到的地方，也方便孩子挑选自己想穿的衣服。经常和孩子讨论穿上不同衣服的感觉，什么衣服更适合他。不要把一年四季的衣服都放在一起，防止出现在寒冷的冬天女孩子哭着要穿连衣裙做公主的情况。分季节定期整理衣服，就能有效避免大人和孩子的穿衣大战，这也是对孩子自我管理能力的培养。

（三）4~4.5 岁幼儿日常活动方案清单

表 7-17 4~4.5 岁幼儿日常活动方案清单

活动分类	活动方案清单
1. 感知运动能力。	（1）绕过障碍物：在安全的场地上，准备高低不同的障碍物，引导孩子跳过或在跑动中绕过障碍物。让孩子学会观察周围的环境，也是体验自身能力及思考如何解决问题的一种方式。 （2）连续拍球：让孩子继续玩拍球的游戏，球有很多种玩法，允许孩子按照自己的方式玩。连续拍球数量的多少，和不同孩子平时玩这项活动的时间长短有直接关系。拍球有利于孩子手眼脑协调能力及身体的控制力、灵活性的发展。 （3）走平衡木：幼儿园都有专门的平衡木供孩子们玩耍。不同高度的平衡木对孩子的平衡力要求不一样，可以根据孩子的情况适当增减高度，过程中要保证孩子的安全。在日常生活中家长可以让孩子走社区的马路牙子，但要保证不损坏公物。走平衡木是对孩子身体平衡协调能力、控制力及专注力的锻炼。 （4）使用剪刀：随意剪纸和按照画出的图形剪纸完全不同，如果孩子对剪纸有兴趣，允许他按照自己的方式剪，不要反复纠正孩子，保护孩子的兴趣更重要。注意选择安全剪刀，并且一定在成人在场的情况下才能剪纸，活动完成后要及时把剪刀放到孩子够不到的地方。
2. 语言能力。	（1）执行命令：如“请先把玩具放到玩具筐，再把玩具筐放回玩具架”，“请把衣服脱下来，放到衣服架上”等。在活动中给孩子发指令时，要准确描述，一次不要有太多的指令。如果孩子不能完成时，需要简化指令的说法或一次只发一个指令，孩子能完成任务才能更自信。 （2）说出物品的名称或功能：准备几个玩具（小汽车、橡皮泥等）或日常用品（毛巾、香皂、书包等），和孩子讨论这些物品的功能，引导孩子从功能上来描述物体。 （3）看图说话：引导孩子说出图片中有什么，他们正在干什么等，允许孩子按照自己的方式说。在日常生活中可以随时进行这样的活动，锻炼孩子的语言能力，激发孩子的思考能力与表达能力。 （4）使用代名词：日常交流时，引导孩子正确使用“我的”“你的”“我们的”“他们的”“你们的”等，有利于孩子准确表达自己和他人的关系。在谈话时，观察孩子的行为，看其是否能准确使用这些词，但不需要刻意纠正，只需给孩子做正确的示范。 （5）分享和表达：让分享成为一种习惯，不管孩子说什么，都坚持听完且不打断。日常生活中，听听孩子的想法和看法，对孩子的社会性发展也很重要。
3. 认知行为。	（1）背数和点数：生活过程中到处都有数学，比如早晨坐圈时间有多少个小朋友，有几个小朋友请假，设计和数字相关的活动，引导孩子背数和点数等，帮助孩子理解的数字的意义。 （2）说出图片：面对面把孩子熟悉的图片藏起来，并请孩子说出图片的名称。开始的时候给孩子熟悉的图片，然后逐渐增加图片的数量，锻炼孩子的观察记忆力及推理能力。 （3）解决问题：设计一些生活中常见的问题，和孩子讨论有几种方案解决，记录这些方案，让孩子分享解决问题的过程，以激发孩子探索与创造的兴趣。 （4）拼图：拼图是孩子非常喜欢的活动，一开始准备的拼图不要太复杂，最好是孩子熟悉的物体，以锻炼孩子的推理能力及分类能力，帮助孩子理解部分和整体的关系。

续表

活动分类	活动方案清单
3. 认知行为。	（5）分类：引导孩子对食物、植物、衣物等日常用品进行功能性分类，可通过做简单家务让孩子体验分类活动。物品分类能锻炼孩子的观察能力和推理能力。
4. 交往能力。	（1）寻求帮助：观察在活动中遇到困难时孩子能否向他人寻求帮助。引导孩子遇到困难时要主动寻求帮助。求助他人，可以锻炼孩子主动交往的能力，也是孩子整合资源的开始。 （2）收拾玩具：在活动结束后，孩子主动把玩具放回原来的位置，这是孩子独立能力与自我管理能力的表现。让孩子收拾整理玩具和物品时可以给予有效的提示，并使用辨识度比较高的信号（清单提供了具体的执行方案），以引起孩子的注意，让孩子在有准备的情况下结束自己的活动，让孩子感受到被尊重。 （3）听故事：在分享读书的环节，引导孩子安静地听完故事。孩子能否专注地听故事也取决于我们怎么讲故事。给孩子讲故事其实就是演故事，讲故事时绘声绘色才能引起孩子听故事的兴趣。
5. 自理能力。	（1）安全教育：让孩子记住家庭的地址，如小区的名字、楼号、单元号及房号等。 （2）清洁卫生：独立洗脸、刷牙、整理自己的物品等，保持清洁卫生。

（四）4.5~5 岁幼儿日常活动方案清单

表 7–18　4.5~5 岁幼儿日常活动方案清单

活动分类	活动方案清单
1. 感知运动能力。	（1）独立走平衡木：让孩子独立走平衡木，锻炼孩子的身体协调能力和专注力。 （2）跳皮筋：准备一定长度的橡皮筋，从低到高，让孩子玩跳皮筋。这个活动既能锻炼孩子的运动协调能力，也能锻炼孩子的合作能力。 （3）单脚连续跳：在平坦的场地引导孩子单脚连续跳。一开始不要求孩子必须跳多远，根据孩子的情况可以适当规定距离，并鼓励孩子坚持下来，既能锻炼孩子的身体协调能力，也能锻炼孩子的毅力。 （4）准确扔球：在距离孩子 2 米左右的地方放一个大口的箱子，让孩子把球扔进箱子里。锻炼孩子的空间判断力、手眼协调能力及控制力。
2. 语言能力。	（1）说出动物或植物的特点：和孩子一起说出自己熟悉的和能够想到的所有动物或植物等的特点。 （2）完整讲述一件事：引导孩子按照事情发展的顺序讲述一件事，如什么事、怎么做的、为什么等，允许孩子按照自己理解的讲述，以锻炼孩子的语言逻辑能力及推理能力，允许孩子使用夸张的语言及肢体语言表达自己的情感，以丰富孩子的语言表达方式。 （3）使用形容词：在生活中引导孩子使用形容词，丰富表达的内容，如蓝蓝的天空、红红的大苹果等。丰富语言词汇，为孩子未来的阅读与写作打基础。

续表

活动分类	活动方案清单
3. 认知能力。	（1）触觉感知：和孩子分享触摸到的东西的感觉，如软、硬，光滑、粗糙，凉、热等表面的不同，让孩子说出有什么不同，以丰富孩子的感知觉，同时引导孩子对比物体表面的差异，及观察不同物体的特点，增加孩子和周围环境的互动能力。 （2）数的分解和组合：通过分水果，如爸爸一个、妈妈一个，盘子里还剩几个；去超市购物花了多少钱，还剩多少等生活中的实际案例，让孩子慢慢理解数的分解和组合，为未来的数字计算奠定基础。 （3）创意活动：引导孩子参加绘画、折纸、泥塑、剪纸、音乐等活动，允许孩子按照自己的想法做，启发孩子的创造力。
4. 交往能力。	（1）准确地表达情感：引导孩子使用积极的语言表达自己对于父母和家人等的情感。孩子的情感表达方式是通过和父母的互动及观察父母的互动慢慢学会的，和谐的夫妻关系是孩子健康情感发展的基础。孩子对父母和亲近的人表达自己的情感，也能理解他人的情感，如父母生气了，孩子就会自动变得比较乖巧。不同性格的孩子，表达方式不同，外向型的孩子善于表达，内向型的孩子不善于表达，但会通过具体行为表达，要尊重孩子的个性。 （2）合作：孩子会主动参与合作性的活动。合作性的活动能锻炼孩子的表达能力，让其体验集体活动中自己的重要性，但在活动前，要引导孩子讨论活动的计划和规则，做好分工，保证每个孩子都有事可做，并要遵守规则。 （3）对同伴表现出友谊：能主动表达对小朋友的情感如喜欢或不喜欢等，知道对方喜欢什么或不喜欢什么。
5. 自理能力。	（1）穿衣整齐得体：日常生活中，引导孩子穿衣整齐得体。这也是孩子生活中良好的行为习惯。 （2）做家务：帮助父母做家务对孩子来说是很好的自理能力及生活习惯的锻炼，如协助父母整理自己的物品，打扫卫生等。在幼儿园设置值日生，让孩子轮流承担适合的任务等。

（五）5~5.5 岁幼儿日常活动方案清单

表 7-19　5~5.5 岁幼儿日常活动方案清单

活动分类	活动方案清单
1. 感知运动能力。	（1）跳格子：让孩子练习双脚交替向前跳，允许孩子按照自己的方式跳，锻炼孩子的身体控制能力及专注力。 （2）接反跳的球：和孩子面对面，间隔一定距离，让孩子练习接从地面反跳的球。反跳的球方向和距离不好判断，因此孩子不一定每次都能接住，可以和孩子讨论如何才能接住球。 （3）拍球和踢球：在户外活动时，给孩子准备球，让孩子玩拍球和踢球的游戏。不要限制孩子玩的方式，但要保障孩子的安全。

续表

活动分类	活动方案清单
1. 感知运动能力。	（4）跳绳和游泳：户外互动时让孩子练习跳绳，还可以带孩子一起游泳，游泳是一项非常综合的运动，除非特殊情况，建议孩子们都应该学会游泳，但一定注意安全。 （5）剪图形：使用剪刀剪图形，要确保孩子使用剪刀时的安全。
2. 语言能力。	（1）讨论问题：结合生活中的情景或故事内容，通过提问的方式和孩子讨论为什么，怎么样等问题，锻炼孩子的思维推理能力。 （2）有效提问：在给孩子讲一件事情或一个故事的时候，教师可以问："还可以怎么样？""后来发生了什么？"以引导孩子扩展故事。有逻辑性地说出或扩展事件的顺序，是孩子逻辑思维能力及判断能力发展的一种表现。这也是我们在教学活动中所说的自然生成课程，这会使课堂活动变得积极有趣，当然也需要教师做好充分的准备。
3. 认知能力。	（1）体验不同：和孩子分享每种水果的味道和口感，用语言表达出它们之间的不同。 （2）10以内的加减法：让孩子尝试计算10以内的加减法，理解数字的意义，锻炼孩子的思维逻辑。数学计算渗透日常生活，家长要巧妙利用。
4. 交往能力。	（1）理解及遵守游戏规则：让孩子自己讨论活动规则，鼓励孩子坚持遵守规则，如先来先得、耐心等待等。强化规则意识能锻炼孩子的合作能力及自我管理能力。 （2）主动交往：在活动中，孩子对熟悉的朋友表现出友好行为。尊重孩子的个性特点，不强迫，允许孩子按照自己的方式交往和表达。 （3）小组活动：给孩子部分授权，让孩子做活动的组织者，教师或者家长随时给予支持，让孩子在活动中体验成就感。这样的活动使得孩子的社会性、理解能力和合作能力得到锻炼。 （4）理解家庭成员之间的关系：引导孩子理解爷爷奶奶家的家庭成员、姥姥姥爷家的家庭成员与爸爸妈妈和自己的关系，培养孩子合理的交往方式。
5. 自理能力。	（1）安全意识：让孩子记住自己家的门牌号、父母的电话号码及家庭的具体地址。在外出或回家的路上，引导孩子过马路时看红绿灯并左右看，培养孩子自觉遵守规则的意识，同时也是传递给孩子尊重生命的价值观。 （2）生活习惯：孩子良好的生活习惯和父母的生活习惯有关。这个阶段的孩子不管是个人卫生，还是物品及环境整理，基本具有了很好的习惯，但有时还需要提醒和帮助。

（六）5.5~6 岁幼儿日常活动方案清单

表 7-20　5.5~6 岁幼儿日常活动方案清单

活动分类	活动方案清单
1. 感知运动能力。	（1）多种形式的活动：让孩子体验各种大型玩具的玩法，这些活动可以锻炼孩子的企划能力。在日常生活中也要给孩子提供活动的机会，丰富孩子的活动体验。 （2）丰富的运动：让孩子选择自己喜欢的运动，充分利用户外场地，让孩子体验大量的运动，锻炼孩子的身体协调能力，让孩子充分体验自己能力，建立自信心。

续表

活动分类	活动方案清单
2. 语言能力。	（1）利用图片讲故事：准备和日常生活相关的图片，让孩子根据图片编故事，按照顺序编故事，还可以加入自己的情感或感受。这可以锻炼孩子的逻辑推理能力、语言理解表达能力以及对事物的观察分析能力。 （2）使用量词：如“一支笔”“一张桌子”“一只鸟”“两条鱼”等，引导孩子使用准确的词汇，为未来的书面语言表达做准备。 （3）理解他人的情绪：引导孩子在和他人交往时，理解他人的情绪，如生气、高兴、喜欢、不喜欢、累等。父母和孩子在一起时学会管理好自己的情绪，避免负面情绪对孩子造成不良的影响。
3. 认知能力。	（1）观察天气：在坐圈的环节或者分享及演讲的环节，让孩子说说今天的天气及自己的感受，如舒服、冷、热等，说说应该穿什么衣服，适合做什么活动等。 （2）知道年月日：一年有多少个月，一个月有多少天。理解今天和明天的不同，认识钟表，理解时间，培养孩子对时间的认知，学会管理自己的时间。 （3）认识地图，辨别方向：引导孩子认识东西南北中，认识地图，通过地球仪了解世界。 （4）科学小实验：给孩子准备丰富的材料，让孩子亲自操作各种实验，如电池连接灯泡、磁铁、溶解等，要关注孩子操作过程中的安全。孩子们喜欢有挑战性的活动，也喜欢自己解决问题。
4. 交往能力。	（1）主动协助：当看到教师在工作时，孩子会主动帮忙，也会主动帮助小朋友，如帮忙搬运东西、收拾玩具或房间等。 （2）关注个性特征：在分享或演讲的环节，让孩子通过观察一个人的特征，描述自己熟悉的人，如个子高或矮，体型胖或瘦，喜欢大声说话还是低语，吃饭快还是慢等，以锻炼孩子的语言整合能力及逻辑思维能力。 （3）主动遵守规则：在活动中，引导孩子独立制定规则，并自觉遵守。
5. 自理能力。	（1）判断力：在日常活动中和孩子讨论，当遇到陌生人的邀请或给东西时，孩子能很清楚地表示不接受陌生人的邀请或东西。引导孩子远离危险，如不要触摸烫的事物、远离即将坍塌的物体；引导孩子规避危险，如打羽毛球或踢球时要观察和他人的距离等。 （2）了解自己：熟练地展示身体能力，并能说出自己身体部位的特点，如手比较大，牙齿比较白等。

模块四　家园共育

第八章　教师与家长沟通的清单要点

在工作中我们观察发现，和家长沟通时，很多时候教师显得非常被动。大部分教师面对家长的提问没有充分的准备，不知道如何解答家长的问题，导致家长感觉教师不够专业。如何让教师由被动变为主动，让家长更好地理解和支持教师的工作，从而认识到托幼机构和教师的专业性，一个有效的方法就是让教师按照托幼机构一日生活的清单，结合需要家庭配合完成的事情，设计出沟通的清单要点。这样能大大提升教师工作的主导性，也能对家长进行有效的引领，因为很多家长的要求并不利于孩子的健康发展。要和家长进行有目的的沟通，如在早间接待环节和家长沟通如何与孩子再见才能缩短其入园焦虑的时间；为了让孩子准时入园，和家长沟通早晨入园后自由活动的意义；等等。良好的沟通能让家长在了解孩子的活动的同时也理解了教师工作的意义。本章节的清单要点主要围绕一日生活中的关键环节设计展开，教师可以参考清单中的关键点，提醒家长在日常生活中应该注意的问题，同时传递幼儿园的教育理念。教师可以根据自己的工作时间，采用适合的方式，和家长进行沟通和交流，如利用每天离园时间与家长交流、一对一家长会或家长主题课堂等，进而赢得家长的信任和支持。

《幼儿园教育指导纲要（试行）》提出家庭是幼儿园重要合作伙伴，教师应本着尊重和平等的原则赢得家长的理解和支持。为了帮助教师引领家长理解每个环节设计的内涵，我们在每个环节里设计了本环节传递的教育价值和遵循的教育原则，这也是清单要点的核心，同时在每一个环节提供一个案例分享，以供教师在使用时结合教学活动进行思考，找到和家庭沟通的切入点。

一、一日生活与家长沟通的清单要点

（一）入园接待：帮助孩子建立安全感

案例分享：入园焦虑

豆豆入园一个多月了，每天都会撕心裂肺地哭1~2小时，哭的同时还会说：“爷爷说我不哭就来接我。”每次在幼儿园做完晨检，豆豆都要紧紧地抱着爷爷的脖子大哭一会儿。豆豆的爷爷和爸爸妈妈每次也是忧心忡忡，担心他们离开后豆豆继续哭闹。豆豆的家长特别想知道：

①家长离开后多长时间豆豆才能停止哭闹？

②哭闹会不会影响豆豆吃早饭？

③老师用什么办法安慰豆豆？

④用什么办法能不让豆豆每天哭闹？

豆豆的表现就是入园焦虑。教师和家长沟通后发现豆豆的焦虑和家庭育儿观念不一致及父母陪伴少有关。豆豆是一个早产儿，出生后在新生儿病房住了1个月才出院，出院后一直是爷爷奶奶代养，爸爸妈妈工作比较忙很少陪伴豆豆，即便陪伴豆豆时爸爸妈妈的意见也经常不一致。针对像豆豆这样入园焦虑的孩子，以下几个方面可供教师参考。

①按照清单要求，所有的教师用一致的方式对待豆豆，在进入班级后，如果豆豆继续哭，允许她哭一会儿，但不要和她讨论有关家人的事情，用更加有意义的事情吸引其注意力。

②给予豆豆家长具体的支持：记录豆豆一日生活中积极的表现，这样能减轻家长的焦虑，同时提供有关家庭互动的活动。

③了解豆豆在家里的情况：妈妈和爸爸陪伴豆豆的时间；当豆豆哭闹时，爸爸妈妈和其他看护人采用了怎样的回应方式；等等。

以上建议就是对待入园焦虑的基本要点，教师的一致性会让家长感受到幼儿园管理的规范性和专业性，从而减少焦虑。当家长不焦虑的时候，孩子自然就不焦虑了。

为了方便教师在工作中有针对性地和家长沟通，表8-1列出了入园接待环节与家长沟通的清单要点。

表8-1　入园接待环节与家长沟通的清单要点

清单内容	与家长沟通的清单要点
教育价值	关爱、尊重及安全感。
教育原则	站在孩子的角度看世界。
1. 与家长沟通。	（1）和家长沟通孩子在家的情况。 （2）提示家长如有特殊情况一定要说明，方便教师照顾孩子。 （3）友好地提醒家长现在不能长时间沟通，如有需要特别沟通的事情，可以再约时间。 （4）告诉家长会有专门的老师负责照顾孩子。 （5）告诉家长老师会记录孩子一天的生活状态。 （6）如果家长咨询老师安抚孩子的方式，可以简单介绍入园后安排。
2. 引导孩子和家长再见。	（1）让家长和孩子使用愉快的方式再见。 （2）如孩子刚入园，对于有入园焦虑的孩子，引导家长要尽快离开。 （3）让家长相信孩子能很快适应幼儿园生活。

（二）用餐环节：帮助孩子体验生命的成长

案例分享：一个橘子

小宝是今天的值日生。穿着分餐服的小宝非常认真地协助老师给小朋友们分餐。今天的加餐是一个橘子和半根香蕉。生活老师按照分餐的标准把清洗过的水果放在小盘子里，小朋友们排队领取，等发完所有小朋友的加餐，最后才是值日生的。等小宝给所有小朋友分完餐后，发现自己的餐盘里只有香蕉，没有橘子了。小宝这时很失望地看着老师说："老师，我没有橘子了。"老师立即蹲下来说："小宝没有橘子了？你也很喜欢吃橘子是吗？"小宝使劲地点了点头。这时老师拉着小宝的手，对所有的小朋友说："今天小宝把橘子分给了所有的小朋友，他自己没有了。有谁愿意和小宝分享一下自己的橘子？"老师说完后，稍微停留大概5秒的时间，几乎所有的小朋友都拿着自己的橘子送给了小宝，小宝看着这么多橘子，非常开心地说：我只要一个就够了。

教师特别设计分餐时少了一个橘子，希望通过这个过程让孩子体验一下什么是分享，也想观察一下孩子们的反应。通过分享食物能让这个阶段的孩子比较容易地理解分享的意义。

吃饭不单是吃的问题，在吃的过程中还有饮食礼仪、自我照顾、社会交往等。饮食习惯的培养也是家庭特别关注的话题。教师在教学中，不仅要关注教学环节，还要关注教学环节中渗透的教育价值。因此教师在和家长沟通时可参考以下问题，给家长提供支持：

①如何做到让孩子愿意吃饭？

②面对挑食和偏食的孩子怎么引导？

③食育的内涵是什么？

④如何通过用餐这一生活中最基本的活动，促进孩子的情感发展以及社交能力的发展？

与家长沟通用餐环节的意义在于激发孩子对吃饭的兴趣，通过餐前分享，让孩子关注饭菜的味道、学习餐桌礼仪等，培养孩子的饮食素养，这是食育的重要组成部分。表8-2提供了用餐环节与家长沟通的清单要点。

表8-2　用餐环节与家长沟通的清单要点

清单内容	与家长沟通的清单要点
教育价值	自我管理、自我意识、生活秩序感、感受生命的成长。
教育原则	吃多少让孩子自己来决定。
1. 营造进餐氛围。	（1）和孩子分享食物的味道、颜色等，引起孩子吃的兴趣。 （2）允许孩子参与食物制作的过程。

续表

清单内容	与家长沟通的清单要点
2. 培养好习惯。	（1）提醒家长关注孩子吃饭的个体差异，如饭量大小、喜欢的食物、吃得快慢等。 （2）不要为了结束吃饭过程而催促孩子大口吃、快吃或喝水等，防止孩子被噎住或呛咳。 （3）不要为了让孩子安静下而来给孩子看电视或玩玩具。 （4）允许孩子自己吃，即便弄得一片狼藉，这是孩子必须经历的过程。允许孩子自己吃对培养孩子独立生活能力很重要。 （5）孩子和家人围坐在一起吃饭，体验家庭氛围，吃饭时全家一起分享饭菜的味道，而不是全家只关注孩子。
3. 饮食礼仪。	（1）给孩子示范正确的饮食礼仪：小口吃饭或喝水、细嚼慢咽、及时擦嘴等。 （2）吃饭的时候允许说话，让家长给孩子示范，小口吃饭比较容易做到这一点。
4. 协助孩子自己送餐具、清理餐桌。	根据孩子的能力，在保证孩子安全的前提下，让孩子帮助家长适当布置及整理餐桌。
5. 食育体验。	（1）让孩子在家种植植物，并给植物浇水、晒太阳，体验责任感及生命的成长。 （2）带孩子去户外观察植物和树木的成长及其不同季节的变化。 （3）给孩子示范食物加工的过程或让孩子参与简单食物的制作过程。
6. 安全规则提示。	（1）为了保证食物安全，幼儿园禁止孩子带食物来园与其他孩子分享。告诉家长幼儿园所有食物都是会留样监测的。 （2）不管吃饭、喝水，还是吃水果，都要孩子坐下来，避免发生气管或食管堵塞。

（三）早间分享：让孩子过有计划的生活

案例分享：观望的孩子

早间分享是孩子在幼儿园一天生活的开始。妞妞在刚入园的几天总喜欢坐得远远的，然后看着大家活动。主班老师每次都会带着所有小朋友和她打招呼，但并不强迫她一定坐圈，每当这时配班老师都悄悄地走近她，看着她的眼睛轻轻地告诉她：“你想坐在这里，是吗？如果你想和小朋友坐在一起，你随时可以过来，但我要去坐圈了。”在整个早间分享的环节，主班老师会主动和妞妞打招呼，用眼神和她交流。2 周后妞妞逐渐靠近坐圈的位置，一个月后妞妞基本和大家坐在一起了，但是在集体分享时妞妞仍不喜欢说话。

每个家长都希望自己的孩子在幼儿园里是积极主动的，当孩子不愿意参加活动时，家长也会焦虑，会认为孩子胆小怕事等。教师在和家长沟通时，可以分享清单中的做法，并告诉家长这么做的意义。家庭中也可以有早间分享活动，让孩子过有计划的生活。虽然孩子不清楚时间节点，但是每天重复会帮助孩子形成行为习惯，让他知道在什么时间做什么事情，这也是帮助孩子建立规则的基础。允许孩子做一个观察者，当孩子确认安全时，就会主动参与。孩子的主动性源于确认自己是在安全的环境里。表 8-3 为教师在早间分享环节可以与家长沟通的清单要点。

表 8-3　早间分享环节与家长沟通的清单要点

清单内容	与家长沟通的清单要点
教育价值	生活的仪式感、自我管理、了解自然常识。
教育原则	让孩子过有计划的生活。
分享对孩子的意义	（1）早间分享可以让孩子过有计划的生活，具体内容包括： ①分享今天的计划安排； ②引导孩子说出自己看到的或感受到的，如今天的天气等自然现象； ③允许孩子说出自己的想法，要接纳孩子的说法，可以有小小的讨论。 （2）分享托幼机构早间分享的内容和形式，以供家长借鉴。

（四）区域活动：关注但不打扰

案例分享：专注的孩子

凯凯在搭建区专注地玩拼插玩具，面前放着一个玩具筐。文文过来后直接拿了凯凯正在用的玩具，凯凯用手推倒文文，并大声说："不要动我的汽车！"文文开始大哭，本来安静的教室顿时有点混乱。老师走过来安慰哭闹的文文和愤怒的凯凯，并把文文和凯凯引领到活动室的一角。老师蹲下来，安静温和地看着凯凯和文文。

老师问文文："你刚才拿凯凯的玩具了，是吗？"

文文感觉很委屈地说："我想帮他整理一下，他还推我！"

老师："你问凯凯需要帮忙吗？文文现在问一下，凯凯需要帮忙吗？"

凯凯带有情绪地说："我不需要帮忙，我正在组装我的汽车。"

老师："文文，下次一定要问小朋友需要帮忙吗，小朋友需要帮忙的时候再帮忙。"

老师同时对凯凯说："你可以告诉文文我在组装汽车，不需要帮忙。"

两个孩子很快达成了一致。这个过程就是教师给两个孩子示范正确处理问题的方式。正确的示范大于说教。结合清单要点教师在教学中应该思考以下问题：

①如何减少孩子之间的争执？

②如何客观看待孩子之间的争执？

③如何引导喜欢帮忙的孩子？

④孩子的分组是否合理?

⑤教师对待同一类事情处理方式是否一致?

在工作中教师也会经常会被家长咨询，孩子们发生争抢玩具、推搡等问题时如何处理。很多时候家长都会给孩子讲道理，但对于孩子来说正确的示范大于说教。关注而不打扰既是区域活动中的原则，也是家长在生活中应该遵循的重要原则。表 8-4 提供了区域活动环节与家长沟通的清单要点。

表 8-4　区域活动环节与家长沟通的清单要点

清单内容	与家长沟通的清单要点
教育价值	激发创造及探索欲望、自我实现、生活秩序。
教育原则	关注但不打扰。
1. 分享活动原则。	（1）不要强迫孩子做自己不喜欢的事情。 （2）如果希望孩子参加集体活动，首先家长要对这个活动感兴趣，并积极参与，这样才会引起孩子的兴趣。 （3）允许孩子做一个观察者和欣赏者，但要关注孩子的状态。
2. 关注但不打扰。	（1）把孩子的活动当作孩子的工作来看待，不要打扰专注做事的孩子。 （2）当孩子专注于自己的活动，且没有求助时，只要孩子是安全的就不要打扰孩子。 （3）允许孩子按照自己的方式玩，允许孩子重复自己喜欢的事情。
3. 让孩子有准备地结束活动。	（1）当希望孩子结束一个活动时，要给予提醒，让孩子有准备地结束自己的活动。 （2)最好给孩子一定的时间，让他主动结束活动，这样有利于孩子未来做事有始有终。 （3）掌握提醒的四要素：缓慢、清晰、重复、温和而坚定。 （4）不要用“太慢”“磨蹭”等负面的词汇来评价孩子。
4. 展示孩子的作品。	（1）在家中可以设置一个家庭作品展示区来展示孩子的作品。 （2）经常和孩子讨论这些作品，允许孩子说出自己的想法。 （3）家长可以分享自己的看法，但尽量不要使用评价性的语言。

（五）户外活动：用成功的体验来增加孩子的自信心

案例分享：受欢迎的三轮车

每天的户外活动时间都是孩子们最开心的时间，孩子们尤其喜欢自己可以驾驭的玩具，如三轮车等。为了保证安全，教师需要组织孩子分组排队等待。如果单纯给孩子指令，如请排队、耐心等待等，孩子依然会吵闹或推搡着玩。这种现象经常发生，家长也经常反应在社区广场或娱乐城孩子不敢玩大型玩具，和其他小朋友在一起时，不能耐心地等待等问题。教师可以和家长分享托幼机构的做法，如和孩子一起说儿歌，让孩子在等待的过程中有事可做，以减少孩子单纯等待时的焦虑。虽然我们特别强调孩子的安全性，但一定不要以关注孩子的安全为借口限制孩子的活动。以下的问题，可供家长思考：

①结合自己的经历思考当你在超市排队或者在银行等待办理业务时，你是怎样的感受？什么方式能帮助你减少等待时的焦虑？

②什么样的方式能让孩子等待时不焦虑？

③如何和孩子讨论规则？

④观察孩子的行为，哪些和家庭教养方式有关？

表 8-5 为户外活动环节教师与家长沟通时的清单要点。

表 8–5　户外活动环节与家长沟通的清单要点

清单内容	与家长沟通的清单要点
教育价值	锻炼孩子的身体平衡及协调能力、环境适应性、自我挑战、合作能力、规则、自信。
教育原则	控制环境，不要控制孩子。
1. 保证孩子的安全。	（1）关注社区大型设备如滑梯、攀爬架的安全。 （2）户外活动时保证孩子始终在你的视线范围之内。 （3）不要和其他家长围在一起聊天或看手机而忽略了孩子。
2. 遵守规则。	（1）带孩子到户外或游乐场活动时，应该告诉孩子活动的规则，如排队规则、等待规则等。教师可以和家长分享托幼机构微型课程的使用方法。 （2）不以不安全为由限制孩子的活动。 （3）如果孩子想体验新的活动，告诉孩子：爸爸妈妈陪着你，可以试一下。 （4）和家长分享遵守规则对孩子的意义。 （5）观察孩子的行为，哪些行为和家庭带养方式有关，直接给予建议。
3. 关注孩子的个性特点。	（1）对于胆小、拘谨的孩子，允许其做一个观察者。 （2）对于过度活跃的孩子，给予清晰的规则，但不能限制孩子的活动。 （3）当孩子希望挑战高难度活动时，应清楚地告诉孩子爸爸妈妈在旁边时才可以体验。

（六）午睡环节：养成良好的生活习惯

案例分享：不睡午觉的孩子

噜噜 3 岁了，是一个安静的小男孩。他不喜欢在幼儿园的床上睡午觉，老师通过和家长沟通了解了他在家里的情况。妈妈说在家里睡觉时噜噜一定要妈妈陪着才行。妈妈非常希望孩子午睡，担心不午睡影响他长身体。一开始的几天，老师并没有强迫噜噜睡觉，只是在他的小床上放了一个小熊玩具，并轻轻告诉他，他可以在床上玩，老师也会陪着他。刚开始噜噜总会离开小床到其他地方，老师都会轻轻地告诉他："噜噜，现在是午睡时间，我们回到小床上去玩吧。"这样坚持了一周。第二周开始的时候，噜噜会主动坐在自己的小床上，第10天的时候，噜噜玩累了就主动躺在小床上睡着了。第三周的时候噜噜适应了午睡。噜噜睡眠习惯的养成其实就是遵守了清单中的教育原则：什么时间做什么事。同时，不同教师的方式要一致，比如和噜噜沟通的方式、陪伴他的方式、引导他的方式等都要一致。但也要注意并不是所有不午睡的孩子都需要这样引导，有的孩子确实不午睡，这就需要教师充分了解孩子的个性特征，还要通过沟通了解家庭的养育方式，为家庭提供有效的支持，以减少家长的焦虑（见表8-6）。

表8-6 午睡环节与家长沟通的清单要点

清单内容	与家长沟通的清单要点
教育价值	自我管理、规则、生活秩序、健康等。
教育原则	什么时间做什么事。
1. 尊重幼儿年龄特点，合理安排睡觉时间。	（1）孩子睡眠有个体差异性，有些孩子天生睡觉少。 （2）不要强迫孩子，如果希望孩子睡觉，就要营造良好的睡眠环境。 （3）不恐吓和说教等，恐吓会让孩子缺乏安全感。
2. 睡前准备。	（1）房间温度适宜，没有太强的光线。 （2）房间安静，可以有舒缓的音乐。 （3）可以给孩子讲安静放松的故事。 （4）睡前不做剧烈活动，可以适当按摩。
3. 鼓励孩子自己穿脱衣服。	（1）2岁以上的孩子可以穿脱简单的衣服和鞋子，家长可给予适当的协助，但不要包办代替。 （2）给孩子准备固定的地方放衣服，方便自己拿取。 （3）鼓励幼儿自己躺在床上安静地睡觉。 （4）孩子尿床时，不要训斥孩子，应温和地给孩子换好干净的衣服。
4. 关注孩子的特殊行为。	（1）不要让孩子嘴里含着食物睡觉，避免发生气管堵塞。 （2）最好不让孩子含着安抚奶嘴睡觉。 （3）对有吸吮手指等不良习惯的孩子可以适当通过按摩纠正。

（七）离园环节：增加家长对孩子的信心

案例分享：不喜欢自己穿衣服的孩子

对中班的欢欢来说，每天离园前的穿衣服和整理自己的书包都是很大的挑战。平时活动时她也不喜欢动手，吃饭大部分需要老师喂。通过和家长沟通，老师发现欢欢是外公外婆带大的，生活中很少自己动手，就连自己吃饭也是刚刚学会的。每天妈妈在接欢欢的时候都会问今天是不是自己穿的衣服，欢欢妈妈对这件事表现得有点焦虑，然而家长的焦虑会传递给孩子。老师在和家长沟通时要给予积极的信息，分享欢欢一日生活中的积极表现，如欢欢今天自己穿的裤子或鞋子等，给予妈妈足够的信心。

我们发现担心孩子生活能力的家长不在少数，面对这种现象家长总是有很多的理由，如孩子太小不会做、孩子自己做不好、孩子做事情太慢等。通过沟通和观察，我们发现大部分孩子动作慢一方面是由于家长的包办，使得孩子的动手机会减少，从而缺乏经验；另一方面是孩子做事情时家长在旁边不停地说教，分散了孩子的注意力。针对这种情况，遵照保育优先的原则，家长可参考表 8-7 中的清单要点。

表 8-7　离园环节与家长沟通的清单要点

清单内容	与家长沟通的清单要点
教育价值	关爱、归属感、期待、自信。
教育原则	积极的信息增加家长的信心。
1. 沟通原则。	（1）关注个性和特点比关注问题和错误更重要。 （2）不分享消极的信息，以免给家长制造焦虑。哪怕事后再三解释没问题，家长也会担心。 （3）如有特殊情况并且沟通需要的时间相对较长时，教师会和家长预约时间进行单独沟通。
2. 主动与家长沟通孩子一天的情况。	（1）结合一日生活，沟通孩子的积极信息。 （2）告诉家长如果教师没有和你沟通，说明孩子一切正常，并不是不关心孩子。 （3）如果孩子刚入园，老师更应该分享孩子比较积极的表现。 （4）引导家长和孩子分享能激发孩子愉快情绪的事情。 （5）邀请家长参与托幼机构的各种活动，多维度了解托幼机构的教学和管理理念。

（八）过渡环节：有效的方式会让孩子学会自我控制

案例分享：等待的孩子

孩子们对等待没有什么概念，如我们习惯的口头禅“等一会儿”“别乱动”，孩子听到这些指令一般会答应，但有时根本控制不住自己，因为这对孩子来说确实有点困难。我们曾经让教师尝试用以下几种方法让孩子等待。

一种方法是教师单纯地下指令。例如，对孩子说：“站好不能乱动，等一会儿我们要发水果。”大概 1 分钟，班级就会出现混乱。又如，让孩子排队站好，教师反复地巡回强调“站好”，孩子最多只能坚持 2 分钟。对于单纯的指令，大部分孩子感觉无聊，他们会晃悠自己的身体、原地转圈、互相推拉、蹲下去再站起来等。

另一种方法是教师给予简单的指令后和孩子一起说儿歌。这时大部分的孩子会专注教师要求的事情，努力去模仿教师和其他小朋友的动作。孩子表现得积极主动，且能够自觉遵守规则，完成等待。

通过观察我们发现，孩子如果只是被动地等待，在等待的过程中会发生相互打闹，有时还会由正常的打闹升级为推搡或者其他行为。从托幼机构的数据统计来看，很多意外事故也发生在过渡环节。过渡环节让中让孩子说唱儿歌或手指谣等，能让孩子专注于当下的事情，不受其他事情的干扰，这就避免了其他意外情况的发生。等待也是孩子学习遵守规则和学习自我控制的过程，这样的方式同样适合家庭生活。表 8-8 为过渡环节教师可与家长沟通的清单要点。

表 8-8　过渡环节与家长沟通的清单要点

清单内容	与家长沟通的清单要点
教育价值	自我管理、遵守规则。
教育原则	最重要的事情只有一件。
和家长分享使用微型课程的技巧及意义。	（1）家庭生活中使用微型课程有利于孩子形成自我管理的好习惯。 （2）微型课程还可以促进孩子的语言发育。 （3）关注孩子重复说的儿歌，这个过程就是孩子在梳理自己的语言逻辑及思维逻辑的过程。 （4）在托幼机构一日生活中，不同环节使用不同微型课程。这就提醒孩子在什么时间做什么事，有利于孩子养成行为习惯。

二、关于规则和意外伤害与家长沟通的清单要点

案例分享：讨论与交换

小班的牛牛今天迟到了。他想去艺术区折纸，但艺术区已经有 4 个小朋友了。在去艺术区之前，老师和他一起阅读艺术区的规则，第一条规则是："本区域只能有 4 个小朋友。"牛牛和老师一起数了数有几个小朋友，牛牛双手抱在胸前，反复数了 3 遍，最后确认自己不能进入艺术区，但是他非常想去。

牛牛问老师："我想进去可以吗？"

老师悄悄地告诉牛牛："你问一下小朋友，我可以进来吗？"

牛牛依然双手抱在胸前，怯生生地说："我可以进来吗？"

区域里的一个小朋友非常清楚地说："这里已经有 4 个人了，你不能进来了。"

其他三个小朋友同时说："你不能进来了。"

牛牛很失望地看着老师，老师对牛牛说："你问一下小朋友，有没有人愿意和你交换一下，到搭建区去玩。"

牛牛小心翼翼地说："有人可以和我交换一下吗？"

艺术区里的一个小朋友说："我愿意。"

牛牛很开心地说："谢谢！"

教师从这个事情中得到了哪些启发呢？在和家长沟通时可以分享哪些信息？孩子通过阅读规则了解了哪些信息？孩子对规则是怎么理解的？在这个过程中孩子的哪些能力得到了锻炼？表 8-9 提供了关于规则和意外伤害与家长沟通的清单要点。

表 8-9　关于规则和意外伤害与家长沟通的清单要点

清单内容	与家长沟通的清单要点
教育价值	自我管理、秩序、安全意识、健康等。
教育原则	在什么地点做什么事，在什么时间做什么事。
引导家长建立家庭规则。	1. 家长的行为是孩子最好的榜样。 2. 家庭规则需要一致且共同遵守，避免脸谱化教育。 3. 对孩子来说，最简单的规则就是在什么地方做什么事，在什么时间做什么事。 4. 家长要学会控制自己的情绪。 5. 当孩子哭闹时不要答应孩子的任何要求。

三、入户指导的清单要点

入户指导清单保教标准共计63条，教师清单要点130条，家长清单要点77条（详见表8-10至表8-15）。

入户指导面对的人员不同，如可能会面对一个家庭的所有成员，这就要求指导教师有更加全面的知识以及更加有效的沟通技巧。入户指导与在托幼机构工作时的指导完全不同，会有很多不确定因素，如受访家庭的人员组成、每个家庭成员的关注点、家庭环境等都是不确定的。入户指导清单保教标准为教师提供了入户指导的关键点，让教师有计划地进行工作，做到有条不紊、井然有序，同时让家长感受到教师的专业性和权威性。在入户指导时要做好家庭指导方案，以下的问题对指导的效果有着决定性影响。

家庭：

①环境：孩子是否有独立的空间？

②成员：谁是家庭的决策人，家庭成员对孩子的养育理念是否一致？

妈妈：

①了解妈妈需要的心理支持。

②妈妈产后身体康复状况。

③建议妈妈鼓励爸爸参与到孩子的成长中来。

④协助妈妈做好活动清单。

爸爸：

①建议爸爸支持妈妈。

②给予爸爸如何陪伴孩子的具体建议。

孩子：

①了解孩子的生活习惯：吃、睡、活动等。

②了解孩子各方面的发育情况。

制订系统的保教指导方案：

①指导流程：按照清单保教标准的要求。

②指导时间：45~60分钟。

③方案的连续性：尊重孩子的成长规律，即阶段性、连续性及个体差异性。

④评价的客观性：客观评价孩子的发育指标。

⑤重点突出：关注家庭养育的关键点。

指导过程的自我评估：

①有没有参考生理及心理的标准？

②有没有注重个体差异性？

③与家长沟通的方式是否恰当？

④反思本次指导的过程和方案。

（一）入户前准备清单要点（清单内容28条——教师清单要点60条，家长清单要点31条）

表8-10　入户前准备清单要点

清单内容		教师清单要点	家长清单要点
专业咨询	1. 核心理念及目标的沟通。	理解核心理念，并将其融入具体的指导方案中。	认同和理解理念。
	2. 建立会员初始档案。	（1）按照初始档案要求填写，不能漏填，记录客观。	（1）提供真实的信息。
		（2）记录家庭和孩子的特殊情况，如孩子是早产儿等。	（2）如有特殊情况，需要说明。
		（3）初始档案是制订家庭指导方案的参考，要保护家庭隐私。	
办理相关手续	3. 签订入户协议。	（1）按照要求填写并编号，按照区域不同及年龄不同分别归类。	积极配合教师的工作。
		（2）协议只作为对家庭指导的依据和说明，不得作为其他用处。	
	4. 每月入户指导1~2次（也可以根据孩子的发育情况确定）。	入户指导次数建议：1~3个月龄每周一次，3~6个月龄2周一次，6个月后可每月一次，依此类推。具体时间和次数需要根据孩子的情况确定，并经过家长的同意。	和教师确定次数后一定要遵守时间。特殊情况不在家时，需提前1~2天告诉教师。
	5. 办理相关的手续（收费协议或其他）。	办理相关的手续，签订协议等文件。	配合教师的工作。
入户前准备	6. 建立入户指导档案。	（1）为每个孩子建立记录档案。	
		（2）每个孩子都有自己独立的档案袋。	

续表

清单内容		教师清单要点	家长清单要点
入户前准备	7. 制订指导方案。	（1）根据每个孩子的月龄，制订合适的家庭指导方案。	
		（2）给家长的方案应该是书面的。	
		（3）保证方案的客观性和适宜性。	
	8. 确定入户的具体时间和路线（第一次）。	（1）确定客户的家庭位置和路线，预估路上的时间。	（1）为教师提供方便和安全的路线信息。
		（2）选择适合的交通工具，并保证自己的安全。	（2）清理家庭卫生。
		（3）确定具体时间和时长，保证入户指导时间为 45~60 分钟。	（3）准备适合教师沟通和示范的地方。
		（4）要提前 5~10 分钟到达客户家。	（4）准时在家等待教师。
物品准备	9. 注意仪表仪容等。	（1）穿方便的服装，便于给家长做示范。	
		（2）不化浓妆，不留长指甲，长发要挽起。	
	10. 卫生准备。	（1）备好鞋套。	
		（2）在接触孩子的时候要洗手。	
	11. 通知家长准备使用的玩具。	（1）根据孩子的月龄，通知家长准备适合的玩具。	配合教师准备适合的玩具，并放在固定的玩具筐里。
		（2）建议家长将玩具放在玩具筐里。	
	12. 留给家长的指导资料。	（1）准备 1 份给家长的指导资料。	
		（2）收回上个月的资料，并放在孩子的档案里。	（1）按照教师的要求填写相关内容。
		（3）每次入户时都要收回上次的资料，以便对孩子的成长进行持续观察，以及做整体分析。	（2）配合教师上交上次的资料，以利于教师对家庭制订个性化指导方案。

续表

清单内容			教师清单要点	家长清单要点
指导方案	生活指导	13. 饮食指导。	（1）关注开始添加辅助食品的时间、添加的节奏和频率。	
			（2）观察孩子使用的餐具是否合适。	
			（3）观察适龄的孩子是否可以独立吃饭。	
			（4）对偏食、挑食、吃饭慢、边吃边玩的孩子进行有针对性的指导。	
		14. 卫生指导。	（1）指导家长给3岁之内的孩子刷牙。	
			（2）指导3岁以上的孩子刷牙。	
			（3）提供洗手的标准。	
			（4）洗澡及抚触等指导。	
		15. 睡眠指导。	（1）关注睡眠环境，如温度、光线等。	
			（2）规律的睡眠时间。	（1）不要轻易打乱孩子已经养成的习惯。
			（3）独立睡眠的习惯。	（2）给孩子准备独立的小床或者房间。
		16. 穿衣指导。	（1）提示家长给孩子配合穿衣的机会。	（1）将孩子的衣服放在固定的地方。
			（2）提示家长培养孩子独立穿衣的习惯。	（2）允许孩子自己穿衣服。
		17. 整理物品指导。	（1）提示家长引导孩子把东西放回原处。	（1）及时把物品放回原来的地方。
			（2）提示家长需要准备适当的玩具筐和储物筐。	（2）准备一定数量的储物筐或衣架等。

续表

清单内容			教师清单要点	家长清单要点
指导方案	生活指导	18. 沟通指导。	（1）及时回应孩子的要求。	
			（2）注意回应的方式：温和而坚定。	（1）及时回应孩子的要求，温和而坚定。
			（3）家庭养育的一致性：父母是孩子的问题的主导者。	（2）父母是孩子的问题的主导者。
	家庭环境指导	19. 家庭环境准备。	（1）卫生、整齐、整洁。	（1）卫生、整齐、整洁。
			（2）物品分类放置。	（2）物品分类放置。
		20. 安全的指导。	（1）注意家庭的电插座、热水瓶、刀叉等用品安全。	（1）注意家庭的电插座、热水瓶、刀叉等用品安全。
			（2）注意桌子下面、沙发后面、窗帘绳子等潜在危险。	（2）注意桌子下面、沙发后面、窗帘绳子等潜在的危险。
			（3）注意厨房、卫生间等房间潜在的危险。	（3）注意厨房、卫生间等房间潜在的危险。
		21. 孩子活动区域的创设。	（1）在房间有阳光的地方准备一个相对宽敞的区角。	（1）在房间有阳光的地方准备一个相对宽敞的区角。
			（2）最好备有一定数量的玩具筐和玩具，以及适合孩子的绘本。	（2）准备一定数量的玩具筐和玩具，以及适合孩子的绘本。
		22. 睡眠及进餐环境指导。	（1）睡眠室不要有太多装饰，被褥要清洁整齐。	（1）睡眠室不要有太多装饰，被褥要清洁整齐。
			（2）吃饭时让孩子和家长一起吃饭，不要看电视。	（2）吃饭时让孩子和家长一起吃饭，不要看电视。
			（3）可以给孩子听安静的音乐，营造良好的氛围。	（3）可以给孩子听安静的音乐，营造良好的氛围。

续表

清单内容			教师清单要点	家长清单要点
指导方案	日常活动内容指导	23. 动一动（大运动为主）。	执行每个月龄的方案。	
		24. 摸一摸（精细运动为主）。	执行每个月龄的方案。	
		25. 看一看。	执行每个月龄的方案。	
		26. 听一听。	执行每个月龄的方案。	
测评	测评	27. 生长测评。	月龄不同，标准不同。	
		28. 社会情感评估。	月龄不同，标准不同。	

（二）入户时清单要点（清单内容 5 条——教师清单要点 10 条，家长清单要点 3 条）

表 8-11　入户时清单要点

清单内容		教师清单要点	家长清单要点
进门	1. 轻轻地、有节奏地敲门。	（1）每敲三下要有停顿。	及时开门。
		（2）力度大小适中。	
		（3）不要大声喊叫。	
	2. 经允许再进入。	（1）家长允许后再进门。	
		（2）要对家长说谢谢。	
	3. 套好鞋套再进门，轻轻关门。	先穿上一只鞋套，跨过门口，再穿另一只鞋套。	
进门后	4. 自我介绍，并简单沟通。	（1）简单介绍自己的名字（初次入户）。	热情接待。
		（2）说明指导时间及相关的内容。	
	5. 存放物品，清洁双手。	（1）把自己的物品放在家长允许的地方。	为教师提供放置物品的凳子。
		（2）用湿巾清洁双手或进入洗手间洗手。	

（三）方案实施清单要点（清单内容 13 条——教师清单要点 37 条，家长清单要点 31 条）

表 8-12 方案实施清单要点

<table>
<tr><th colspan="2">清单内容</th><th>教师清单要点</th><th>家长清单要点</th></tr>
<tr><td rowspan="10">和家长的沟通</td><td rowspan="4">1. 尽可能邀请与孩子生活比较紧密的家庭成员参加，强调家庭教育理念的一致性。</td><td>（1）邀请与孩子生活关系比较紧密的家庭成员参加。</td><td>（1）专注地听教师的讲解，及时回应教师的提问。</td></tr>
<tr><td>（2）强调家庭教育理念的一致性。</td><td>（2）父母是孩子的问题的主导者。</td></tr>
<tr><td>（3）说话要慢、要清晰，必要时和家长确认信息。</td><td></td></tr>
<tr><td>（4）不要评判家长的行为，只需告诉家长正确的做法。</td><td></td></tr>
<tr><td>2. 再次沟通核心理念。</td><td>强调核心理念的重要性。</td><td>如不理解可以咨询教师。</td></tr>
<tr><td rowspan="4">3. 沟通指导方案，示范做法。</td><td>（1）沟通指导方法的理论基础，强调其对孩子成长的重要性。</td><td>（1）和教师学习时一定要专心。</td></tr>
<tr><td>（2）给家长示范正确的做法。</td><td>（2）认真学习教师示范的做法。</td></tr>
<tr><td>（3）不要给家长制造焦虑。</td><td>（3）自己不要焦虑。</td></tr>
<tr><td>（4）不要给孩子贴标签。</td><td>（4）不要给孩子贴标签。</td></tr>
<tr><td rowspan="5">和幼儿的互动</td><td rowspan="3">4. 逗引婴儿，逐渐和婴儿熟悉，但不要着急抱婴儿。</td><td>（1）用合适的方法逗引婴儿。</td><td>引导婴儿和教师进行互动。</td></tr>
<tr><td>（2）当婴儿不熟悉时，不要急于抱婴儿。</td><td></td></tr>
<tr><td>（3）和婴儿熟悉后，再进行互动。</td><td></td></tr>
<tr><td rowspan="2">5. 和能站立的幼儿蹲下打招呼。</td><td>（1）蹲下来和幼儿打招呼，叫幼儿的大名。</td><td>蹲下来引导幼儿和教师打招呼。</td></tr>
<tr><td>（2）熟悉后可以拥抱幼儿。</td><td></td></tr>
</table>

续表

清单内容		教师清单要点	家长清单要点
方案实施	6. 实施活动方案，同时讨论方案的可行性。	（1）按照方案的要求详细讲解。	（1）认真听教师的讲解。
		（2）讲解过程中询问家长是否理解。	（2）不理解的部分一定要咨询教师。
		（3）示范过程中让家长重复。	（3）按照教师的要求操作。
	7. 观察和引导孩子的行为。	（1）指导家长观察和引导孩子的行为。	（1）观察和引导孩子的行为。
		（2）注意观察孩子的行为，有特殊情况要记录，并通过合适的方式告诉家长。	（2）引导孩子主动配合教师的指导。
		（3）允许孩子按照自己的方式做。	（3）允许孩子按照自己的方式做。
		（4）不对家长和孩子的行为做任何评价。	
	8. 讨论活动的过程。	（1）和家长及主要看护人讨论孩子活动的过程。	（1）听从教师的建议，可以提出自己的疑问。
		（2）客观地分析孩子的活动情况，尊重孩子的个性特征。	（2）尊重孩子的个性特征。
		（3）解答家长的疑问。	（3）关注自己和孩子的互动方式。
	9. 关注幼儿活动的过程。	（1）原则是关注但不打扰。	（1）原则是关注但不打扰。
		（2）在保证孩子安全的情况下不打扰孩子。	（2）在保证孩子安全的情况下不打扰孩子。
		（3）允许孩子按照自己的方式玩。	（3）允许孩子按照自己的方式玩。
		（4）可以和孩子讨论玩的过程，比如问孩子："你是怎么做到的呀？"	（4）可以和孩子讨论玩的过程，比如问孩子："你是怎么做到的呀？"
	10. 让幼儿体验自己的重要性。	（1）提示家长不要过多地干预和代替孩子的行为。	（1）不要过多地干预和代替孩子的行为。
		（2）允许孩子重复和自我修正。	（2）允许孩子重复和自我修正。

续表

清单内容		教师清单要点	家长清单要点
方案实施	11. 关注孩子的同时关注家长的状态。	（1）关注孩子的同时关注家长的状态。	（1）不要催促孩子。
		（2）关注家长对孩子的态度。	（2）关注自己的情绪对孩子的影响。
环境建议	12. 给孩子区域性授权。	（1）孩子有固定的活动区。	（1）孩子有固定的活动区。
		（2）协助孩子保持整齐整洁，玩完玩具放回原处。	（2）协助孩子保持整齐整洁，玩完玩具放回原处。
	13. 利用家庭空间引导家长给孩子准备几个创意筐。	（1）年龄不同，玩具筐数量不同。	（1）年龄不同，玩具筐数量不同。
		（2)创意玩具筐的玩具要有一定的数量。	（2）创意玩具筐的玩具要有一定的数量。
		（3）定期整理玩具筐。	（3）定期整理玩具筐。

（四）指导结束时清单要点（清单内容 5 条——教师清单要点 7 条，家长清单要点 3 条）

表 8–13　指导结束时清单要点

清单内容		教师清单要点	家长清单要点
指导结束	1. 在规定的时间内完成指导计划。	每次入户时间为 45~60 分钟。	提前安排时间配合教师。
	2. 指导结束，整理自己的物品。	整理自己的物品，并协助家长把物品归位。	和教师一起整理物品。
	3. 预约时间。	预约下次指导的具体时间。	预约下次的时间。
总结与研讨	4. 和家长沟通的有效性。	（1）记录和家长沟通的问题。	
		（2）找出解决问题的方案。	
	5. 定期研讨，讨论指导方案的可行性。	（1）每月进行一次研讨。	
		（2）汇总问题，找出解决方案。	

（五）约定下次入户时间和具体事项清单要点（清单内容 4 条——教师清单要点 6 条，家长清单要点 6 条）

表 8–14 约定下次入户时间和具体事项清单要点

<table>
<tr><th colspan="2">清单内容</th><th>教师清单要点</th><th>家长清单要点</th></tr>
<tr><td rowspan="6">约定下次入户时间和具体事项</td><td rowspan="3">1. 先解决家长的疑问。</td><td>（1）解决过去一个月家长遇到的问题。</td><td>（1）提前准备好自己的问题。</td></tr>
<tr><td>（2）不要给家长制造焦虑，更不要责备家长。</td><td>（2）不要焦虑，大部分孩子是没有问题的。</td></tr>
<tr><td>（3）关注个性和特点比关注问题和错误更重要。</td><td>（3）关注个性和特点比关注问题和错误更重要。</td></tr>
<tr><td>2. 和家长讨论孩子的情况。</td><td>和家长讨论孩子的情况。</td><td>客观描述孩子的现状。</td></tr>
<tr><td>3. 沟通本次指导的具体方案。</td><td>按照流程沟通本次指导的具体方案。</td><td>按照教师指导执行方案。</td></tr>
<tr><td>4. 交代要求的重点部分，同时预约下次的时间。</td><td>交代要求的重点部分，同时预约下次的时间。</td><td>预约下次的时间。</td></tr>
</table>

（六）禁止行为清单要点（清单内容 8 条——教师清单要点 10 条，家长清单要点 3 条）

表 8–15 禁止行为清单要点

<table>
<tr><th colspan="2">清单内容</th><th>教师清单要点</th><th>家长清单要点</th></tr>
<tr><td rowspan="7">禁止行为</td><td rowspan="2">1. 禁止给家长治疗性的建议。</td><td>（1）不要给孩子医疗诊断。</td><td>如教师有违规行为，可以及时举报。</td></tr>
<tr><td>（2）不要给孩子提供药物等。</td><td></td></tr>
<tr><td>2. 禁止给家长下命令。</td><td>不要强迫家长，要尊重家长的意愿。</td><td></td></tr>
<tr><td rowspan="2">3. 禁止和家长发生争执。</td><td>（1）告诉家长正确的做法。</td><td></td></tr>
<tr><td>（2）意见不统一时，要给家长讲清楚利弊。</td><td></td></tr>
<tr><td>4. 禁止接受家长的任何礼物。</td><td>不能私自接受家长的任何礼物。</td><td>拒绝教师任何索要钱物的行为。</td></tr>
<tr><td>5. 禁止在客户家里收现金。</td><td>禁止在客户家里收现金。</td><td></td></tr>
</table>

续表

清单内容		教师清单要点	家长清单要点
禁止行为	6. 禁止私自和家长签订协议。	禁止私自和家长签订协议。	为了保证自己的权利，不要私自签订协议。
	7. 禁止参与客户任何家庭事务的讨论。	禁止参与客户任何家庭事务的讨论。	
	8. 禁止谈论客户的家庭生活。	禁止谈论客户的家庭生活。	

四、抚触和洗澡的清单要点

案例分享：

贝贝的妈妈说一岁半的贝贝很不喜欢洗头、洗脸，也不喜欢水。按照初始档案的内容和与贝贝妈妈的沟通，我们发现贝贝是一个早产儿。在贝贝 6 个月的时候，姑姑给她洗澡时曾用淋浴的喷头直接冲洗她的胸部，当时贝贝哭得非常厉害，也许是直接从喷头喷出来的水的冲击力让贝贝受到了很强的刺激。从那以后，贝贝每次洗澡都会哭闹，并且不太喜欢水。

在做入户指导时，我们就有关抚触、洗澡和婴儿的感受和反应做过很多调查。在给婴儿抚触和洗澡时应该注意以下问题：

①尊重婴儿的神经发育的规律，即神经发展的顺序从上向下，从中间向两侧，也就是抚触和洗澡时应该先从头部开始，再遍及全身。

②保护婴儿的胸部等敏感部位。因此抚触和洗澡时，应该先从后背开始再到胸部和四肢。俯卧时让婴儿的胸部接触床面，此时婴儿会获得安全感，这种方法对于 3 个月内的婴儿尤其重要。

③抚触和洗澡时，最好是单人按照顺序操作。

④抚触和洗澡需要掌握一定的节奏。这两项操作不仅能促进婴儿触觉发育，还能增进亲子关系。

我们在给婴儿抚触和洗澡的过程中，根据婴儿神经和心理发育的规律，研究出抚触和洗澡的清单保教标准（详见表 8-16、表 8-17）。这样既能让婴儿清洁卫生，也能让他们感到安静和放松。当婴儿享受这个过程时，其父母自然也是轻松愉快的。

（一）抚触的清单要点（0~12 个月）

表 8-16　抚触的清单要点

清单顺序	序号	清单要点	
准备	1	室温适宜，准备轻松、舒缓的音乐。	
	2	操作者洗净双手，不戴首饰。	
	3	在宝宝空腹或吃奶后半小时左右进行，并且宝宝的精神状态良好。	
	4	抚触使用的物品放在自己方便拿取的地方。	
	5	让宝宝处于舒适的仰卧位。	
头部	6	头部的抚触。	手掌从发际位置从前向后。
	7	额头的抚触。	用双手拇指指腹从额头中间向两侧到太阳穴的位置。
	8	眉毛的抚触。	用双手拇指指腹指尖相对从额头中间向两侧。
	9	眼睛的抚触。	用双手拇指指腹指尖相对从内眼角向外眼角按摩。
	10	脸颊的抚触。	用双手拇指指腹从鼻梁两侧向耳朵方向按摩。
	11	上嘴唇的抚触。	用双手拇指指腹指尖相对向两侧耳垂的方向按摩。
	12	两侧嘴角的抚触。	用双手拇指指腹指尖相对向两侧耳垂的方向按摩。
	13	下嘴唇的抚触。	用双手拇指指腹指尖相对向两侧耳垂的方向按摩。
	14	下巴的抚触。	用双手拇指指腹指尖相对向两侧耳垂的方向按摩。
	15	耳朵的抚触。	用拇食指指腹自上而下做螺旋式按摩。
背部	16	让宝宝处于俯卧位。	俯卧位能让宝宝有安全感。
	17	整体背部的抚触。	双手手掌从上向下以脊柱为中心做分分合合的动作。
	18	脊柱两侧的按压。	双手拇食指指腹与宝宝的背部成 45 度角，从宝宝臀裂的部位自下而上依次按摩。
	19	提脊法。	双手拇食指指腹从臀裂的部位自下而上依次提脊。

续表

清单顺序	序号	清单要点	
胸部	20	胸腹部的整体抚触。	双手手掌从上而下按摩胸腹部。
	21	胸部的抚触。	用一只手的掌根部从一侧胸部肋骨沿的下侧向对侧的肩膀按摩，用同样的方法按摩另一侧。
	22	腹部的抚触（顺时针抚触）。	用一只手的掌根部从宝宝的右下腹部开始，围绕肚脐做顺时针抚触。
上肢	23	双上肢的搓及抓握。	从宝宝的肩膀用双手手掌抓握到手腕。
	24	双手的手心及手背。	用双手固定宝宝的手腕，用拇指指腹从宝宝的掌根部推宝宝的手掌，把五指充分打开，尤其是大拇指。
	25	双手的手指。	用双手的拇食指指腹轻捻宝宝的每个手指。
下肢	26	双下肢的搓及抓握。	用双手掌从宝宝的大腿根部轻搓或抓握到脚腕。
	27	双脚的脚心及脚背。	用双手固定宝宝的脚腕，用拇指指腹从宝宝的脚后根部推整个脚掌。
	28	双脚的脚心和脚趾。	用双手的拇食指指腹轻捻宝宝的每个脚趾。
温馨提示	29	口唇按摩可以预防宝宝长牙时的不舒服。	
	30	俯卧位抚触尤其适合 3 个月之内的宝宝，其可以增加宝宝的安全感。	

（二）洗澡的清单要点

表 8–17　洗澡的清单要点

清单顺序	序号	清单要点
用品准备	1	适合宝宝的洗澡盆，并保持清洁卫生。
	2	大浴巾和小毛巾若干，洗发水、抚触油、棉签等（需要提前准备所需物品）。
	3	物品按使用先后顺序放在方便拿取的地方。
宝宝准备	4	洗澡应在宝宝吃奶后 40 分钟左右，防止吐奶、呛咳。
	5	宝宝精神状态好，不哭不闹。
	6	给宝宝做肢体活动操——上下肢活动操。

续表

清单顺序	序号	清单要点
环境	7	控制好室内的温度，夏季在22℃~24℃，冬季在26℃~28℃（可以根据天气情况决定）。
	8	试水温，可以使用水温计，保持水温度在36~40摄氏度，也可以把成人前臂放进水里停留5~10秒，感觉水不烫就可以。
洗头	9	用大浴巾包裹宝宝的身体，露出宝宝的头。
	10	把宝宝的身体固定在成人的一侧腋下，并用同侧的手掌托住宝宝的头。
	11	保持宝宝的头部稳定舒适。
	12	和宝宝保持沟通，告诉宝宝正在洗头。
	13	准备小的水盆，按从前向后的顺序给宝宝洗头。
	14	擦干头部，并把小毛巾放在大的洗澡盆里。
入水	15	去掉大毛巾，一手托住宝宝的腋窝并轻握住肩膀，让宝宝的头枕在成人的手腕部，另一手托住宝宝的臀部。
	16	让宝宝保持坐姿缓慢进水，即左右轻轻摆动宝宝，使其缓慢进入浴盆，慢慢适应。
	17	在放宝宝进水的过程中，用温和的语言和宝宝沟通。
	18	不要说“别怕”或“马上就洗完了”等可能造成宝宝紧张的语言。
	19	更不要直接快速地把宝宝放进水里，避免造成宝宝紧张。
	20	不要着急给宝宝洗，要看到宝宝的双手放松、表情自然时再开始洗，避免宝宝哭闹。
洗的顺序	21	慢慢松开托住宝宝臀部的手，把盆里的小毛巾轻轻地覆盖在宝宝的前胸。
	22	然后倒手让宝宝俯卧在成人的手腕部位，先洗宝宝的背部，按照从上到下的手法。
	23	洗宝宝的胸部，然后洗四肢及臀部，注意保护宝宝的敏感部位。
	24	动作轻柔舒缓，把握动作的节奏，不要急于洗完，更不要很多人一起给宝宝洗澡，以免造成宝宝紧张。给宝宝洗澡一个人就可以，其他人只是在必要时协助拿取物品。
	25	禁止在洗澡时加水，防止烫伤宝宝。

续表

清单顺序	序号	清单要点
出水	26	出水时采用托抱的姿势，让宝宝的身体保持直立（特别是两个月之内的宝宝，要注意保护宝宝的颈部）。
	27	用浴巾包裹宝宝的身体，注意给宝宝保暖，擦干身体后可以给宝宝做抚触。
用品的清理	28	清理使用的物品，放在指定的位置。
应急处理	29	当宝宝呛咳时，立即停止洗澡，迅速抱出，做应急处理。
	30	当宝宝哭闹厉害时，或通过安慰依然哭闹时，要停止一切操作。

第九章　家园共育清单保教标准与实施

案例分享：一致性

林园长致力于建立一所没有围墙的学前教育机构，并以开放的心态接纳家长的监督和参与，因此在幼儿园里除了有家委会，还有家长志愿者，还会定期邀请专家为教师和家长开展讲座活动。在和家长频繁地接触中，林园长发现面对同样的事情不同的家长有不同的理解，如中班的教师在早间接待时设计了一个小的奖励，就是给每天准时到园的孩子一个小贴画，迟到的孩子没有，其目的是鼓励孩子及时到园，一方面促使孩子养成好习惯，另一方面便于孩子及时参加教学活动。针对这件事情，中班的家长就有不同的意见：

①有的家长非常认同这种方式，认为可以鼓励孩子及时到园。

②有的家长认为没有必要使用这种方式，因为得不到小贴画的一些孩子，根本不知道是由于自己迟到而没有得到贴画，反而觉得是自己犯错了，这种方式会让孩子感觉自己不好。

③有的家长认为迟到也没关系，因为孩子还小，不用要求这么严格。

④有的家长认为这种事情无所谓。

针对这种现象，作为教育者应该从哪些方面思考呢？

①家园共育的核心是什么？

②如何遵循教育原则和家长进行有效的沟通？

③如何了解家长对孩子的期待？

④如何引导家长理解孩子的成长？

一、家园共育的重要意义

家园共育属于托幼机构潜课程的一部分。家园共育一方面能让家长通过机构提供的各种活动了解机构的文化、教育理念、教学模式、孩子在园的情况等；另一方面能帮助教师了解孩子的家庭环境、成长过程、孩子在家的表现、家长对孩子的期待及对托幼机构的期待等。家园共育能促进教师和家长之间的信任、支持与合作，为孩子提供良好的成长环境，保证孩子的健康成长。

当孩子确定要来托幼机构，班级的教师就应该按照入园流程清单保教标准提前进行家访，或通过其他方式让家长更多地了解托幼机构的情况。

给新入园的孩子建立初始档案是为了让教师了解孩子的成长过程。孩子的成长受很多因素的影响，如社区环境、家庭教育方式等。教师可以和家长交流有关孩子进入托幼机构的目标和其所关心的问题，给家长介绍孩子在托幼机构的一天生活，还可以有针对性地给家长介绍某些突发情况所采取的应急措施，以减少家长的焦虑。

孩子入园焦虑是家长最担心的事情。例如，有的孩子和妈妈再见时会紧紧抓住妈妈的衣服或搂着妈妈的脖子不放，即便教师非常有技巧地把孩子接过来，妈妈也会一步三回头，或者在教室外面等上很久，确认孩子没有哭闹才离开。如果教师能够解决家长的困惑，就会减少他们的焦虑，同时也会缩短孩子入园焦虑的时长。当所有的孩子都能安静、专注地参加活动时，也会增加教师工作的自信心和自豪感。尤其当家长积极主动参与教学活动时，教师就可以了解和孩子有关的家庭环境、看护方式等信息，也更容易和家长达成一致，以便更好地支持孩子的成长。因此，家园共育属于教学活动中的潜课程部分，对教学效果有着直接的影响。

因此家园共育的意义在于：

①教师要接纳家长的想法，给予科学合理的建议，以减少其焦虑。

②家长的参与会让教师更多地了解孩子的信息，给予孩子更多的支持。

③如果家长和教师之间存在不信任，定期的或不定期的沟通就会增加相互之间的信任。

④家长的积极参与会让教师在教学中得到支持，从而提升教学质量。

家园共育的最终目的是建构家园一致的关系，为孩子的成长提供安全、适宜、有序的环境。现实情况是由于现代生活压力大，很多家长即便想给孩子更多的陪伴，也很难做到。这就需要教师利用简单有效的方式，如告诉家长陪伴的质量大于数量，不要因为不能陪伴孩子就经常在孩子面前表现出自责和担忧，家长的这种情绪会影响孩子，给孩子造成新的焦虑和不安。同时引导家长与托幼机构共同承担教育孩子的责任，为孩子的成长提供有效的资源，促进孩子身心健康发展。

二、建立初始档案

案例分享：主动要求站卫生间的孩子

中班的鹏鹏对任何事情都表现得积极主动，喜欢帮助别人。他看到琳琳在张贴涂鸦作品，就直接过去帮助琳琳张贴，结果把画的一角弄破了。琳琳生气地推了他一下，老师走过来了，这时鹏鹏小声地说："我要去站到卫生间吗？"老师迟疑了一下，幼儿园从来不会惩罚孩子。老师意识到鹏鹏这种本能的反应可能和父母的教养方式有关，就是违反规则时会让鹏鹏站到卫生间。

为每个家庭建立初始档案可以有效地收集和孩子成长相关的信息，尤其是潜在因素如妈妈在孕期的情况、家庭成员之间的关系、家庭互动模式等，以便制订出适宜的指导方案。尤其是当孩子违反常规的情况下，家庭的处理模式会影响孩子和他人的互动方式。

建立家庭初始档案的意义：

①了解孩子的出生过程，关注潜在因素对孩子的影响。

②了解家庭教养方式，关注家庭成员之间的关系对孩子的影响。

③了解孩子现在的状况，制订适合孩子的教学计划。

④了解家长目前的情况和需要的支持。

⑤了解综合信息，做好家庭指导方案，做到家园一致。（详见表9-1至表9-7，其中一些表格中的内容或涉及隐私，家长可自愿填写。另外，托幼机构会严守保密规则，谨防隐私泄露。）

（一）初始档案

表9-1 托幼机构家庭初始档案——婴幼儿

姓名			出生日期		出生体重	
出生方式	□自然 □手术产（剖宫产、胎吸、产钳） □手术产的原因：					
出生情况	□有无窒息： □有：轻度 中度 重度 □无					
主要看护人	□父母 □祖父母（外祖父母） □保姆 □其他					
家庭类型	□核心家庭 □直系家庭 □联合家庭 □其他					
看护人特征	年龄		文化程度		脾气性格	□温和 □急躁 □中和

续表

喂养	□母乳 □人工 □混合	每日（24小时）：白天 □次，夜间 □次		
使用奶瓶	□有 □无			
	使用奶瓶的时间：□ 6 个月以内 □ 6 个月以上 □ 1 岁以上			
饮食情况	辅助食品添加的月龄：□ 4~6 个月 □ 7~9 个月 □ 10 个月以后			
	添加食品的顺序（请填写序号）：□流质 □泥糊状 □半固体 □固体			
	孩子独立吃饭时的月龄：			
	孩子吃饭的情况	□全部是家长喂 □吃一半喂一半 □追着喂		
		□吃饭慢 □吞饭 □边吃边玩 □不喂不吃 其他请描述：		
使用安抚奶嘴	□有 使用的时间：□全天 □夜间 □不确定 □无			
是否有流口水或吃手行为	□有 请说明孩子的年龄： □无 □偶尔			
睡眠	□小时 / 日	□规律 □少 □不规律 □易惊醒 □抱睡		
使用学步车	□ 无 □ 有 使用的时间：□ 6 个月以内 □ 6 个月以上			
自由活动时间	□多 □很少 □经常抱着			
外出（晒太阳 / 接触生人）	□每天少于 1 小时 □每天大于 1 小时			
综合发展情况（根据月龄描述）	运动感知能力		交往能力	
	语言能力		自理能力	
	认知能力			
家庭互动时间及频率	□经常 □偶尔 不管哪种情况请说明：		固定的活动区域	有 □ 无 □
爸爸参与的次数	□经常 □偶尔 不管哪种情况请说明：			
家长是否关注婴幼儿的成长	□是 □否	希望通过哪些渠道得到帮助	专业机构讲座：□ 阅读专业书籍：□ 其他（请说明）：	

续表

你和你的家庭最想得到的帮助是什么	
是否希望得到持续的指导	固定的周期去家里：每月 □ 次 固定的周期来中心：每月 □ 次
幼儿既往病史	
其他说明	

表 9-2　托幼机构家庭初始档案——妈妈

姓名		年龄		职业	
预产期		孕次		接受指导	□ 有　□ 无
孕期胎教	□ 有 □ 无	受孕状况	□ 有计划　□ 无计划		
家庭处理问题的方式	□ 完全一致　□ 大部分一致　□ 经常不一致　□ 经常争吵				
并发症	□早孕反应　□先兆流产　□孕期感染　□贫血　□妊娠高血压症 □糖尿病　□腿抽筋　□其他				
孕期营养	□良　□中　□差　□素食　□主食多　□水果多				
孕期心理	□良好　□压抑　□焦虑　□紧张 说明：				
是否接触有害物质	□烟、酒　□化学物质　□射线　□其他　□无				
孕期用药	□有　□ 无 如有用药物，请说明所用的药物及时间：				
家族遗传病史	□有　□无　□ 可疑				
既往病史	□有　□无　□ 可疑				
特殊说明					

（二）入园清单

1. 孩子基本资料清单

表 9-3　孩子基本资料清单

姓名：	性别：□男　□女	请在此贴上孩子的照片
生日（年 / 月 / 日）：		
家庭住址：	监护人电话：	
饮食习惯		
是否对一些食物过敏？	□否　□是，请说明会引起过敏的食物：	
最喜欢吃的食物（包括零食）是什么？		
孩子是独立用餐还是需要辅助喂餐？	□独立　□辅助，请说明具体情况：	
孩子经常使用的餐具是什么？	□勺子　□筷子	
午睡习惯		
孩子是否午睡？	□否　□是，请说明：	
孩子午睡的大概时间？	________ 点到 ________ 点	
孩子是独立入睡，还是需要陪伴或辅助？	□ 独立　□需要陪伴或辅助，请说明：	
如厕情况		
孩子能否说出自己大小便的需求？	□ 能　□否	
如果不能说出，家长引导的方式是什么？	请说明：	
孩子是否可以独立如厕？	□是　□否，如果不能请说明具体情况：	
孩子是否需要使用纸尿裤？	□否　□是	
家庭日常活动		
你经常和孩子玩哪些游戏或活动？		
孩子平时和小朋友一起玩的机会多吗？		
孩子能独立和小朋友一起玩吗？		

续表

孩子有情绪时常规的处理方式是什么？	
在生活中哪些规则是孩子必须遵守的？	
孩子经常看的绘本有哪些？	
孩子每天看电子产品的时间有多长？	
孩子有特别的兴趣吗？	

2. 家庭资料清单

表 9-4　家庭资料清单

父母 / 监护人资料		
基本信息	父亲	母亲
姓名		
移动电话 / 电话		
受教育程度		
电子邮箱		
工作单位		
请注明主要看护人：		
孩子的第一联系人：		
除父母外紧急情况联系人：	联系电话：	与孩子的关系：

3. 孩子其他方面信息清单

表 9-5　孩子其他方面信息清单

身体健康状况	
孩子是否得过严重疾病或遭遇过严重事故？	□否 □是，请说明：

续表

是否有药物过敏？	□否 □是，请说明：
孩子是否有不能参加的体育活动或其他大运动量的活动？	□否 □是，请说明：
孩子是否由于特殊原因正在服用药物？	□否 □是，请说明：

4. 随入园申请表一同递交的材料

①家长以及孩子身份证明文件复印件1份。

②幼儿疫苗接种记录的复印件1份。

③孩子2寸免冠照片两张，家长及经家长授权接送孩子的成人的照片各1张。

④孩子健康体检表。

⑤托幼机构需要的其他相关资料。

（三）入园前家长问卷示例

表9-6　入园前家长问卷示例

1. 你选择托幼机构最重要的标准是什么？	
2. 孩子到托幼机构，你最关心的是什么？	
3. 对于孩子的成长，你最关心的问题是什么？	
4. 你希望从哪些方面得到支持？	
5. 你希望通过哪些方面支持托幼机构的工作？	
6. 如果我们邀请你参与活动，哪些是你愿意参加的？	（1）家长活动。 （2）家长会议。 （3）定期的家长课程。 （4）活动时做志愿者。 （5）邀请全班孩子去你的机构参观。 （6）主动发起活动并组织活动，如郊游。 （7）捐献孩子用过的衣服和玩具。 （8）收集相关材料，如旧衣服、食品罐或盒子等材料。
7. 你还有哪些建议？	

（四）幼儿一日生活计划清单示例

表 9-7　幼儿一日生活计划清单示例

时间	活动内容
7：30—8：30	入园和自由活动
8：30—9：00	早餐时间
9：00—9：30	早间分享
9：30—10：00	分组活动
10：00—10：30	洗漱与加餐
10：30—11：30	户外游戏
11：30—12：00	分享与洗漱
12：00—13：00	午餐时间
13：00—14：30	午睡时间
14：30—15：00	洗漱与加餐
15：00—16：00	户外活动
16：00—16：30	分组或集体活动
16：30—17：00	晚餐与离园

三、家园互动清单保教标准

案例分享：有效的家庭支持

学期末小李老师正在准备一对一家长会，她参考清单的要求准备了所有的资料。在家长接待室，小李老师通过视频资料、图片资料及观察手册等给每一位家长展示了这个学期孩子在幼儿园的活动和表现。通过沟通，她发现不同的家长对孩子的期待有很大的不同。

①有的家长关心孩子的语言水平。

②有的家长关心孩子参加的艺术活动。

③有的家长关心孩子的测评结果。

④有的家长咨询需不需要给孩子报补习班。

只有少部分的家长关心孩子在活动中到底喜欢什么，虽然小李老师用了很多时间给家长讲述了孩子在一日生活中的表现，但大部分家长还是只关注孩子知识技能的学习。教师应该了解家长的需求，但不能顺从家长的需求，尤其是家长的一些需求对孩子未来成长不利时，教师更应该站在让孩子健康成长的角度，和家长进行有效的沟通。例如：

①为家长讲解容易理解的教学活动设计的理念和理论依据。

②采用恰当的沟通方式减少家长的焦虑。

③多种形式的家园共育帮助家长从不同的角度了解托幼机构。

④可以和家长分享教师成长经历中的有意义的内容。

家园共育的核心目标就是家园教育理念一致。教师在和家长的互动中了解了更多有关孩子的信息，家长在和教师的互动中加深了对托幼机构的了解，教师和家长之间、机构与家庭之间达成一致，为孩子提供和谐一致、安全适宜的成长环境。因此，通过多元化的家园共育方式、多渠道的交流沟通，增加教师与家长之间的信任，提升家长的满意度，增加教师的职业自豪感。从初始档案的建立到入园清单，再到发放家长手册，每个环节都是必不可少的，这些都能帮助教师和管理者更多地了解孩子的信息。所有和孩子相关的文字档案包括孩子的全面信息、对特殊事件的描述以及家长教育方面的信息，都要妥善保管，并定期校对更新，达到信息的一致性，以提高工作效率和工作质量。资料应上报机构相应负责人，如保健医或行政管理人员，统一保存。除了基本的档案管理，家园共育还可以采用如下方式。

（一）利用宣传栏

宣传栏可以用于发布通知、分享文章、张贴活动图片、展示幼儿的艺术作品、公布每周的教学计划等。宣传栏上的信息都是机构文化的展示，也是机构的门面。因此宣传栏一定要精心设计，符合黄金分割比例，色调应该和托幼机构的品牌系统一致。宣传栏应该在醒目的位置，划分好张贴内容的区域，同时注意张贴的纸张大小，可以设计富有趣味性的展示物，根据内容需要定期更换，还要有专门负责人，保证宣传栏的整齐整洁。另外，每周食谱也是家长最关心的内容，食谱也是招生宣传的有效方式之一，当然也可以作为宣传栏的张贴内容（详见表 9-8）。

表 9-8　宣告栏内容清单

主题	内容	更换周期	负责人
分享文章	科学育儿信息	每周	
	饮食建议		
	不同季节疾病的预防		
教学活动	每个班级的教学计划	每周	
每周食谱	幼儿食谱	每周	
通告	幼儿园重大活动	随时	
	重要信息（政府文件或其他）	随时	
展示	重大活动图片展示	随时	
其他	如家长给教师的感谢信	随时	

（二）加强日常沟通

教师和家长的日常沟通分为口头沟通与书面沟通。对于刚入园的孩子，要保持相对高频率的沟通，以减少家长的焦虑。沟通的时间可以是孩子离园的时候，也可以是孩子午休的时候，教师可根据工作具体情况自行安排。沟通的内容围绕孩子一日生活进行，目的就是让家长了解孩子的一日生活，同时也起到宣传托幼机构的作用。

1. 口头沟通

口头沟通的原则：

①沟通时把握好时长，最好 5~10 分钟。

②解答家长最关心的问题，如孩子哭了多久、吃睡情况等。

③沟通孩子的积极表现，不要强调孩子的不好表现。

④用具体的事件说明。

⑤可使用视频或图片展示给家长（详见表 9-9）。

表 9-9 口头沟通的清单要点

清单主题	清单要点（孩子表现）	处理方法	负责人
早晨入园后的状态	哭了 ______ 分钟就停下了	老师（主班老师或配班老师）一直陪着她	主班老师或配班老师
	慢慢安静下来，专注活动		
吃饭	独立吃	老师一直关注	
	老师协助一部分	先吃了一部分，老师又喂的	
睡眠	独立睡，自己穿脱衣服	老师一直关注	
	开始需要陪伴，慢慢入睡	老师陪伴	
如厕	独立完成	老师一直关注	
	需要协助	老师协助脱衣服，冲马桶，洗手	
和小朋友的互动	主动参与互动	老师一直关注和引导	
	一直在观察		
	先观察然后参与		
集体活动参加情况	主动参加活动	老师一直关注和引导	
	一直在观察		
	先观察然后参加		

2. 书面沟通

书面沟通适用于主要监护人不能每天接送，但又希望了解孩子在托幼机构情况的家长。可以简单书写一下孩子在托幼机构的状态，用书面的形式发给家长，还可以使用微信或小视频，结合一日生活的关键点，展示孩子的一日生活。具体内容可以参考口头沟通的清单要点。

我们在工作中调查发现，很多机构也都做了这样的沟通，但是由于没有统一的标准，造成沟通的内容和信息不对称，导致沟通成本的增加，在某种程度上增加了家长的焦虑和不满。这也反映出管理上的不一致性。不管是管理者还是教师必须认识到这种日常交流的重要性。

除了沟通内容和形式的一致，还要注意以下的问题：

①教师的态度决定了结果。因为在某种程度上家长不能感受到文字表达所蕴含的态度，因

此教师在书写时首先要接纳和理解家长的感受，不过多解释。

②尊重个体差异。每个家长都是独立的个体，不要比较。

③以开放的心态接受家长的顾虑和疑问。这也是我们教师职业素养的要求。

④当家长和我们的意见不一致时，要换一个角度理解家长。理解家长面临的压力及对孩子的期待，包括原生家庭对他们的影响，等等。

⑤教师也要思考自己说的话对家长的影响。

⑥不要为了避免冲突，就一味地顺从家长，这是不符合教师的专业性的。如涉及专业的原则性的问题，教师应该保持专业性和权威性，告诉家长正确的做法，以赢得家长的尊重和理解。

⑦避免无效的沟通。避免使用评价性语言，要和家长分享孩子做事过程中的表现。

⑧当教师遇到不能解决的问题时，可以清楚地告诉家长，自己确实没有经验，但会寻求帮助，并在 24 小时内回复家长。

几乎每个家长都希望教师能解决所有的问题。但是调查发现，家长很多时候只是需要一个倾听者，因此真诚、开放地与家长进行沟通，成为他们的支持者，给予他们信心，但注意要把握好和家长交往的界限，如此才能展开有效的合作。

（三）建立家园联系册

建立家园联系册是最重要的家园共育方式。家长通过家园联系册，可以了解孩子在幼儿园的一日生活。建立家园联系册也是托幼机构最直接传递其教育理念的方式。我们在给幼儿园做指导时，每到一家托幼机构的第一件事，就是抽查一下各个班级的家园联系册，看看教师都记录了什么。经过总结发现，大部分教师记录的都是孩子在幼儿园的不良表现，比如不好好吃饭，今天和小朋友抢玩具，专注力不好，等等。仔细想想这些会给家长传递什么信息，会不会增加家长的担心和焦虑，家长看到这样的信息一般会做什么，会不会说教孩子，最后的结果是什么，会不会导致孩子不想来幼儿园，再就是家长会不会给教师传递压力等，这些都是需要教师和管理者思考的问题。从表面来看，这些教师是非常负责任的，我们也认为孩子有不好的表现要告诉家长，并希望家长积极配合，纠正孩子的不良习惯。但是换个角度思考一下：孩子的不当行为发生在什么情况下或者什么环节，发生时教师是怎么做的，结果如何，为什么，等等。这些都需要教师思考。

那么从教师的职业性和专业性的角度来讲，如何正确地填写家园联系册，以下的建议可供参考：

①记录孩子积极正向的信息，允许孩子自我纠正。

②所有记录都要围绕教育理念。

③观察记录可以结合一日清单要点，关注孩子的生活行为和习惯。

④关注孩子的兴趣，记录孩子活动的过程，而不仅仅是结果。

⑤如有原则性的问题，需要和家长面对面沟通。

⑥可以记录和孩子的一段对话，或某个环节的活动。

⑦不做评价，不贴标签。

以发展的眼光看待孩子的成长，关注个性和特点远比关注问题和错误更重要。

（四）开展家长开放日活动

家长开放日的意义：

①新生入园体验。

②招生宣传。

开放的原则：

①不能影响正常教学，家长需要遵守规则。

②如果对自己机构的教学管理有足够的信心，可以随时开放，不需要预约。

③希望通过开放日发现更多的问题，以提升教学和管理的质量。

④如果你的机构是初建园，开始的阶段最好通过预约的方式。请参考以下清单（见表9-10、表9-11）。

1. 家长开放日工作清单

表9–10 家长开放日工作清单

清单主题	清单要点	说明	负责人
开放周期	每月固定某一周	固定的时间便于统一管理	教学负责人或保健医
开放时间	每周固定某一天		
开放时长	一个上午或某个环节	某个环节	
预约	提前1周预约	根据孩子的年龄确定班级	
进班人数	确认1~2个家长名单	名单交给班级负责人	
开放的班级	提前3~5天告知主班老师	主班老师提前准备	班长
课后反馈	主班老师记录家长现场情况	反馈给教学负责人或保健医	

续表

清单主题	清单要点	说明	负责人
跟踪回访	教学负责人或保健医回访	当日或隔日回访，要有记录	教学负责人或保健医
客户分析	不足和建议	整改措施	

2. 进入班级的清单

表 9–11　进入班级的清单

	清单主题	清单要点
教师	打招呼	教师引导孩子和进入班级的家长与小朋友打招呼，并介绍小朋友的名字
	引导小朋友参与活动	准备玩具，引导小朋友加入
	允许家长陪伴	允许家长陪伴在孩子身边，不强迫孩子
	活动中关注孩子的反应	关注孩子的表现，并适当给予引导
	主动和家长沟通	在活动间隙主动和家长沟通主要信息，如正在体验的活动
	尊重孩子的隐私	尊重孩子家庭方面的信息，不和不相关的任何人分享
家长	蹲下来	蹲下来或坐在一个小椅子上，与幼儿的视觉水平齐平，但不要影响孩子的正常活动
	不强迫	不强迫孩子参加集体活动，除非孩子自己愿意，请允许孩子做一个观察者
	客观看待孩子的表现	允许孩子慢慢适应新环境
	如有幼儿主动和孩子沟通	如果孩子不说话，请代替孩子回应，而不是说教孩子
	请记录你的疑问	如果发现有问题，无论什么事情都请记录并反馈给接待人员
	发表对幼儿各方面的看法或问题	不要在孩子在场时讨论有关他的问题。等待孩子不在现场时或其他适宜的机会，同教师以一种专业的方式进行讨论

（五）组织家长会

同家长交流是一个长期的过程，教师要通过日常接触同家长建立合作关系。家长会也是获取有关幼儿发展方面信息的很好方式。家长会可以通过家委会组织，主要目的是分享机构的最新信息。每个学期至少举行一次。前期的准备对于家长会的成功召开很重要，但不要为了开会而开会（见表 9-12）。

1. 家长会准备阶段清单

表 9-12　家长会准备阶段清单

清单主题	清单要点	完成时间	负责人（责任到人）	督导者（责任到人）
家长会内容	确定主题内容（根据机构具体需要确定）	至少提前 2 周		
时间	具体时间	至少提前 2 周		
地点	具体地址	至少提前 1 周		
用品	桌椅、麦克风、饮水机、纸杯、纸张、笔、签到簿、投影仪、音乐资料、打印资料等	提前 1 天确认		
邀请函制作	家长邀请函	提前 1 周		
确定人数	确定邀约人数	至少提前 1 周确定，个别提前 1 天确认		
确认人员分工	接待人员、主持人员、问题收集人员、问答解答人员等	根据岗位不同分别承担相应责任		
召开预备会议	所有人员确定会议的主题及需要解决的问题	确定会议主导者		
应急预案	出现紧急情况时的应急措施	确认方案及具体负责人		

2. 家长会当日活动清单

家长会活动当天，所有人员提前 30 分钟到场，并确认各自岗位的用品和准备工作准确无误（见表 9-13）。

表 9-13　家长会当日活动清单

清单主题	清单要点	负责人（责任到人）	协助者（责任到人）
活动前再次确认	所有人员和物品到位	活动总负责人	
现场会议记录人	记录家长咨询的问题及现场发现的问题		
现场音乐	轻松的音乐，营造良好的氛围		
调试设备	调试投影仪、话筒等设备		
衣着和妆容	整齐、清洁，精神饱满		
接待与导引	各岗位人员站位正确，引领有序		
室内引领	尽量从前向后安排入座		
活动开始之前的预警	分别是 5 分钟、3 分钟、1 分钟预警（结合幼儿一日生活清单）		
活动开始	主要内容讲解		
是否发放或收集资料	是否发放家长会意见反馈清单（见表 9-14）以及收集和孩子相关的资料		
活动最后解答	解答家长疑问		
结束会议	总结要点和主要目标，并对家长的到来表示感谢		
必要时发放家长便条	是否发放统一信息的便条，如最新活动信息或其他相关信息		
家长离开后复盘	在会议之后，立即填写会议纪要表		
	如果是希望你做出答复的，一定要尽可能地做出答复		
	把决定的方案和产生的问题都记录下来		
	制订问题的解决方案及具体计划，并确定责任人		

活动过程中的注意事项：

①让家长感到轻松、舒适和被欢迎。

②强调幼儿发展的积极方面。

③提供具体的例子来说明课程强调的是幼儿需要的、适合于幼儿的活动，并给家长提供一些可以在家里做的活动。

④问一些开放性的问题，以引出家长的观点和看法。

⑤做一个积极的倾听者，鼓励分享信息。

3. 家长会意见反馈清单

表 9–14　家长会意见反馈清单

幼儿班级：	
幼儿姓名：	
你的问题	你的建议
1.	
2.	
3.	
4.	

4. 一对一家长会清单

每学期至少进行一次一对一家长会，时间最好在学期结束前，方便家长了解孩子在托幼机构的生活和学习情况。班级教师要做好孩子日常资料的准备工作。

负责人：主班老师，配班老师。

讲解人：主班老师。

一对一家长会资料准备清单：准备工作清单（见表 9-15）、当日工作清单（见表 9-16）。

表 9–15　准备工作清单

清单主题	清单要点
儿童档案	作品展示：孩子本学期的各种作品
	评估报告：不同阶段的评估报告
邀约计划	根据班级孩子的数量确定具体时间

续表

清单主题	清单要点
沟通时长	每个家庭最好控制在半小时之内
邀约人员	父母和主要看护人
沟通地点	安静、不受打扰的地点，并准备水杯和温水
物品准备	教学计划、儿童档案、记录本和笔
确定主讲人	准备演讲内容

表 9-16　当日工作清单

清单主题	时长	清单要点
作品展示	5 分钟	纸质版相册。
日常活动幻灯片展示	5~10 分钟	(1) 一日生活各环节有意义的活动，教师在教学中和孩子进行的个性化互动。 (2) 图片、小视频和文字的记录。
测评记录单	10~15 分钟	(1) 每个月的测评记录单做成册。 (2) 评估结果和日常教学相结合。 (3) 可参照前面的测评和这次结果向家庭汇报孩子的进步，以及汇报孩子是否处在正常成长与发展水平。 (4) 不贴标签，如发展滞后或超前等，要客观地描述孩子的成长过程，关注个体差异性，稍有偏差均属正常水平。 (5) 发现有明显及严重的心理、情绪或行为方面的问题，建议家长咨询有关方面的专家。我们只是教育机构，不具备医疗诊疗能力。
孩子的特别记录	3~5 分钟	孩子特殊表现，如和小朋友互动中的特别表现等。
家长的问题与解答	5~10 分钟	(1) 耐心解答家长的所有问题。 (2) 让家长分享在家庭中看到的孩子成长方面的信息。 (3) 建议家长针对孩子的发展目标提出自己的看法。 (4) 这些信息是新学期孩子的发展目标活动设计的重要参考。 (5) 当遇到不能解答的问题时，告诉家长你会求助相关部门，并在 24 小时内给予回复。 (6) 接纳家长的任何情绪。永远记住，态度比解释更重要。

续表

清单主题	时长	清单要点
新学期计划	3～5分钟	（1）向家长说明下个学期的活动计划。 （2）认真回答家长提出的相关问题。
现场总结	3～5分钟	（1）感谢家长对机构和教师工作的支持，希望能继续支持。 （2）确认今天沟通的信息。 （3）确认假期或新学期的相关事项。 （4）了解家长的其他需要。
班级总结（班级所有孩子的一对一家长会结束后班级总结）		（1）这是讨论孩子是否适应或者是否喜欢托幼生活的最好机会，也是回答家长问题最好的时机，是家园共育的最有效模式。 （2）总结沟通的基调及流程是否合理？ （3）时间把控、教师之间的配合情况是否完美？ （4）材料及环境准备是否充足？ （5）沟通过程是否顺畅？ （6）是否真正了解了家长的需求？

如果有家长抱怨，请遵循以下原则：

①接纳家长的情绪：保持平静和耐心，换位思考。

②平静地听：选择相对舒适和安静的地方，认真平静地听家长说。

准备好纸和笔，把家长的需求记录下来。不管家长说什么都需要保持淡定和从容。当家长有情绪的时候，任何解释都可能再次激怒家长。对一个有情绪的人来说，或许只是需要有人接纳他的情绪。

③真诚地回答：回答问题时真诚而客观，不确定的暂时不回答，但需告诉家长回复的时间。

④保持职业性：家长的情绪不好会有很多原因，因此需要教师理解。仔细观察我们会发现，大部分提建议的家长都是对机构有期待和感情的，只是希望我们做得更好。

⑤换一种思维看待家长的抱怨：家长的抱怨是我们学习的机会，是我们提高和改进的机会。只有不断学习和提升，才能提高机构的品牌知名度。这也是清单管理的核心之一，家长的问题越尖锐越能引发思考和从根本上解决问题。

（六）成立家长委员会

家长委员会属于志愿者服务，托幼机构会组织部分热心家长成立一个志愿者组织，旨在更好地促进家长和托幼机构的沟通和交流。对于进入家长委员会的人员要有具体责权的要求。家长委员会基本功能包括：沟通、监督与建议，协调托幼机构和家庭、社会的关系，同时在自己的职能范围之内解决某些家长提出的问题，督促托幼机构全面贯彻国家的教育政策，提供建设性的建议，最终保证幼儿的身心健康全面发展。

家长委员会委员要求：

①热心负责，主动配合托幼机构的工作，规范自己的言行，有表率作用。

②做事客观公正。

③家长委员会委员按照主动报名与各班推荐相结合的原则，最后经机构审核确定，任期1年（详见表9-17）。

表9-17　家委会工作清单

主题	工作要点
职责	客观公正地提出针对性的意见和建议
	积极参加幼儿园组织的各项活动
	组织家长提供力所能及的支持和帮助，如提供教育基地、社会实践等活动场所，并帮助落实
	搜集各类教育信息，主动与管理者沟通，反映家长和社会对机构工作的建议和要求，并出谋划策
	通过各种渠道了解家长对幼儿园教育的要求，协助调解各种问题与纠纷
	监督幼儿园依法执教，对违背教育思想、违反教育法规的人和事要敢于用适当的方法、正确的态度向幼儿园领导反映
	协助幼儿园办好家长学校，让家长掌握科学育儿及家庭教育知识，减少焦虑
工作制度	做好学期计划，具体到时间、地点、内容及人员
	学期末做好总结
	每学期召开一次全体委员会议，其余时间分小组不定期开展活动
	非会议与集体活动时间，应积极与学校、班级加强个别联系，主动配合开展有关工作
	加强家长委员会与所在单位和地区的联系，帮助和推动社区教育工作

四、家庭主题活动

案例分享：没有时间观念的孩子

大班馨馨的外婆每次来参加幼儿园的主题活动时，都会咨询有关孩子教育的问题。馨馨的爸爸和妈妈工作比较忙，馨馨一直由外婆代养。外婆说馨馨做事非常慢，没有时间观念，馨馨马上该上小学了，希望她做事情的时候快一点，咨询老师有什么好方法。

通过调查我们发现，家长对机构的期待不同，对孩子的期待也不同，有些家长关注知识技能，有的关注个性发展，有的关注团队合作等。家庭主题活动不仅能引领家长认识正确的教育理念，更能给家长提供简单有效的执行方案。

（一）家庭主题活动的意义

开展家庭主题活动是传递教育理念的好机会。家庭主题活动给家长提供了一个接受继续教育的机会，而且为家长和教师的交流提供了机会。这种活动能使家长和教师在一种轻松的氛围中进行集体学习。

在每学期开学的第一周，可以设计一份家庭需求调查表或问卷，让家长根据自己的需要填写。充分了解家长的需要后组织的活动就会有一定的针对性。对于一次成功的家庭主题活动，事前准备调查问卷是很有必要的。家庭主题活动可以在室内举行，也可以在户外。大部分情况下家长会关注以下的主题（见表 9-18）。

表 9-18 家庭活动主题和相关信息

主题	内容要点
沟通与情感	关注孩子健康的依恋关系建立的基础，学习有效地倾听，认识幼儿情感的重要性，通过提供开放性的回答来对幼儿的问题做出反应
习惯与自我管理	通过清单要点，培养孩子良好的行为习惯，并提供一些实际的指导策略，结合现实生活，让孩子学会自我管理
兴趣与能力培养	关注生活的细节对孩子的影响，通过日常活动培养兴趣，激发孩子主动探索学习的欲望，为孩子提供一些能提高自我表达能力、想象力、探索能力的活动训练
饮食与营养	食育不仅是强调吃的行为，还要关注生命的成长。食育是避免和改变孩子不良饮食习惯的有效方法。还可以把托幼机构中孩子喜欢的营养食谱分享给家长
阅读习惯	家长都期望孩子有阅读习惯。要了解在托幼机构中孩子是如何阅读的，如何给孩子选择图书，家长如何约束自己的行为等

续表

主题	内容要点
入学准备	帮助家长客观正确认识与入学相关的问题，并掌握一些帮助幼儿尽快适应小学生活的策略

室外的大型家庭主题活动可以是户外野餐、不同季节的户外亲子运动会等，也可以结合教学活动进行特别的主题活动。我们指导的一些幼儿园，每个月都有大型的户外活动，有的时候会邀请家长参加，通过活动家长更加了解孩子，也更加了解机构的教育理念和教学模式，同时也增进了家长和教师的感情。

（二）给予特殊家庭支持

家园共育会让教师从多方面了解每个家庭的情况，同时了解每个家庭在教育、文化等方面的个性化需求。有些家庭情况特殊，如单亲家庭、重组家庭等，还存在孩子情况特殊的现象，如患有慢性病的幼儿等。这些情况对教师的职业性和专业性要求非常高，教师既要掌握专业知识，还要掌握社会知识和沟通技巧。针对这些特殊情况，教师在工作中可以参考以下原则：

①一视同仁：这也是教师职业素养的基本要求。

②给予特殊儿童特别的关注：特别的关注并不是可怜和同情，而是根据孩子的情况设计适合的活动，但不能说是因为孩子的特殊情况才这样做的。

③单亲家庭：积极主动地与家长建立信任关系，多种渠道帮助家长正确育儿。

④不要评价家长的行为：给予适合的建议，比如帮助制订家庭活动计划，让家长感受实际的支持。要知道教师的持续支持对于家庭和孩子的成长具有重要意义。

参考书目

[1] Debby Cryer， Thelma Harms，Beth Bourlad. 0—1 岁婴儿学习活动指导手册 [M]. 鲍立铣，傅敏敏，译. 上海：少年儿童出版社，2006.

[2] 区慕洁. 中国儿童智力方程　0～3 岁婴幼儿能力家庭测试与指导 [M]. 北京：中国妇女出版社，1998.

[3] Carol E. Catron & Jan Allen. 学前儿童课程——一种创造性游戏模式 [M]. 王丽，译. 北京：中国轻工业出版社，2002.

[4] Marjorie V. Fields，Patricia P. Merritt，Deborah M. Fields. 0—8 岁儿童纪律教育——给教师和家长的心理学建议 [M]. 蔡菡，译. 北京：中国轻工业出版社，2015.

[5] 教育部教师工作司. 幼儿园教师专业标准（试行）解读 [M]. 北京：北京师范大学出版社，2013.

[6] 阿图·葛文德. 清单革命 [M]. 王佳艺，译. 杭州：浙江人民出版社，2012.

[7] 泰勒·本 - 沙哈尔. 幸福的方法 [M]. 汪冰，刘骏杰，译. 倪子君，校译. 北京：中信出版社，2013.

[8] 中华人民共和国教育部. 幼儿园教育指导纲要（试行）[M]. 北京：北京师范大学出版社，2001.

[9] 吴汉荣. 儿童学习困难的预防及其矫治 [M]. 武汉：华中师范大学出版社，2000.

[10] 岳贤伦. 10 岁前，发现孩子的天赋 [M]. 北京：九州出版社，2013.